El Secreto
de la
Vida Christiana Feliz

por

Hannah Whitall Smith

First Fruits Press
Wilmore, Kentucky
c2018

ISBN: 9781621718390 (print), 9781621718406 (digital), 9781621718413 (kindle)

El Secreto de la Vida Cristiana Feliz por Hanna Whitall Smith.
Translation of: The Christian's Secret of a Happy Life.
First Fruits Press, © 2018

Digital version at
http://place.asburyseminary.edu/firstfruitsheritagematerial/155

For all other uses, contact:

First Fruits Press
B.L. Fisher Library
Asbury Theological Seminary
204 N. Lexington Ave.
Wilmore, KY 40390
http://place.asburyseminary.edu/firstfruits

Smith, Hannah Whitall, 1832-1911.
   El secreto de la vida Cristiana feliz / por Hannah Whitall Smith ; traducción de Lucía García. – Wilmore, KY : First Fruits Press, ©2018.
   219 pages ; cm.
      Translation of: The Christian's secret of a happy life.
      Reprint. Previously published: Kansas City, Mo. : Casa Nazarena de Publicaciones ; Coban, Guatemala : Libreria Nazarena, 1951.
      ISBN: 9781621718390 (pbk.)

      1. Christian life. 2. Faith.   I. Title. II. Christian's secret of a happy life.

BV4501.S64918 2018   248

Cover design by Jon Ramsay

asburyseminary.edu
800.2ASBURY
204 North Lexington Avenue
Wilmore, Kentucky 40390

First Fruits
THE ACADEMIC OPEN PRESS OF ASBURY SEMINARY

First Fruits Press
The Academic Open Press of Asbury Theological Seminary
204 N. Lexington Ave., Wilmore, KY 40390
859-858-2236
first.fruits@asburyseminary.edu
asbury.to/firstfruits

El Secreto

de la

Vida Cristiana Feliz

Por

Hanna Whitall Smith

Traducción de

Lucía C. García

CASA NAZARENA DE PUBLICACIONES
Box 527, Kansas City 41, Missouri, E.U.A.

LIBRERIA NAZARENA	LIBRERIA NAZARENA
Apartado 28	Donato Alvarez Núm. 884
Cobán, Guatemala	Buenos Aires, Argentina

Publicado por el Departamento de Publicaciones Hispanas — Iglesia del Nazareno, 1951

Impreso en los Estados Unidos de Norteamérica
Printed in U. S. A.

Prefacio

Lo que voy a decir en este pequeño libro, no es nada nuevo. La iglesia primitiva, lo enseñó en los días apostólicos y desde entonces hasta el presente, ha habido aquéllos que con sus palabras y con sus vidas lo proclamaron.

Muchas veces fué perdido de vista y parecía que la iglesia caería casi en tinieblas desesperantes y en la muerte. Pero "el secreto" siempre fué preservado por la sucesión apostólica de aquéllos que anduvieron con Dios.

En nuestros días, la preciosa verdad vuelve a levantarse, y este pequeño libro, es un esfuerzo para repetirlo en forma sencilla, para que esté al alcance de todas las mentes. Muy a menudo el lenguaje de la religión, como el frecuente repiqueteo de una campana, parece que perdiera el poder de atraer la atención; pero puede ser que una campana de tono inferior, interrumpa la negligente distracción de algunas almas.

Por esta razón no he tratado de escribir un libro teológico. No hubiera podido, aun queriéndolo. Simplemente me he propuesto decir la bendita historia, tan antigua pero aun nueva, en el lenguaje familiar.

No quiero cambiar tampoco las miras teológicas de ninguna persona. Las verdades que voy a exponer, no son teológicas sino prácticas. Yo creo que son verdades fundamentales de la vida y experiencia, las que sostienen y son la base de todas las teologías: y que son en realidad su designio.

Estas se ajustarán a los credos, y harán posible a

quienes los profesan, poder vivir de acuerdo con sus creencias, hallando en ellas realidades experimentales de un Salvador presente y una salvación similar.

La mayor parte de nosotros, reconocemos que detrás de todas las religiones, hay una religión absoluta que sostiene cada una de las verdades fundamentales; y mi libro, discurrirá sobre esta religión absoluta.

No pretendo que esté hecho con perfección, pero solamente confío que sus faltas puedan ser neutralizadas por la verdad que anhelo penetre en los corazones.

Este libro lo envío con compasiva simpatía y amoroso anhelo, a todas las almas que luchan y sufren, de cualquier credo o denominación que sea, y su mensaje va directamente de mi corazón, a los suyos. He puesto en él lo mejor que tengo porque no puedo hacer más.

Esta nueva y revisada edición, es enviada a cumplir su cometido, con oración, para que el Señor continúe usándola como una voz, para enseñar a quienes lo necesitan, el verdadero secreto de "una vida feliz."

—H. W. S.

Nota de la Traductora

Al emprender la obra de traducir este libro, lo hice por el beneficio espiritual que su lectura ha aportado a mi alma.

Su solo título, implica un tesoro espiritual muy grande, del cual pude posesionarme al leer sus páginas.

Como bien dice la autora, hay muchos cristianos que no llevan una vida feliz; y no dudo que entre los hijos de Dios santificados, aun haya muchos que ignoren, no lo que es tener la victoria sobre el pecado, sino sobre las circunstancias y eventos contrarios de la vida diaria.

En este respecto, la lectura de sus páginas abrió para mí, aunque ya hace algunos años que conozco al Señor como mi Salvador y Santificador, la visión a una nueva esfera de vida espiritual, no donde las luchas y dificultades cesen, sino donde se puede andar victoriosamente sobre ellas. Con el andar de los días, voy conociendo más y más de esta preciosa realidad.

Con el deseo de que muchos de mis hermanos de habla castellana, se gocen espiritualmente en sus páginas y que les sirva de alimento espiritual, he traducido el libro, rogando que, las imperfecciones que en la traducción haya, sean pasadas por alto, para recibir el mensaje que Dios ha dado a la autora Hannah W. Smith.

—**Lucía C. García**

Contenido

Capítulo 1

¿Es Escritural?

Ninguna persona que razone, puede dudar el hecho de que, la vida cristiana, como generalmente se vive, no es completamente feliz. Un observador perspicaz, me dijo en cierta ocasión: "Parece que ustedes los cristianos profesan una religión que les hace infelices. Son semejantes a la persona que sufre dolor de cabeza. No quiere perderla, aunque le causa sufrimiento el conservarla. No podéis esperar, que aquellos que no creen, busquen con ahinco algo que no les haría felices." Fué entonces cuando por la primera vez en mi vida vi como en un destello, que la religión de Cristo debe ser para los que la profesan, no algo que les hace desdichados, sino realmente felices. Desde ese instante, comencé a pedir al Señor que me mostrara el secreto de una vida cristiana feliz.

Este secreto tal cual yo lo he aprendido, trataré de explicar en las siguientes páginas.

Estoy convencida, que todos los hijos de Dios, en los momentos de iluminación divina, sienten instintivamente que tienen derecho inalienable a una vida de descanso interno y de victoria exterior.

¿No podéis algunos de vosotros recordar el grito de victoria de vuestras almas, cuando hallasteis al Salvador y visteis un rayo de su potencia salvadora? Entonces, cuán seguros estabais del triunfo. Cuán fácil os pa-

9

recía el ser más que vencedores por medio de Aquel que nos amó. Bajo la dirección de un Capitán que jamás perdió una batalla, ¿podíais pensar en derrotas? Y, sin embargo, para muchos de vosotros, qué distinta ha sido la experiencia real. Vuestras victorias han sido pocas y transitorias, vuestras derrotas muchas y desastrosas. No habéis vivido como sentís debe hacerlo un hijo de Dios. Quizá habéis poseído un claro entendimiento de las verdades doctrinales, pero no habéis llegado a poseer Su vida y poder. Personalmente hablando, te habrás regocijado muchas veces en el conocimiento de las preciosas realidades reveladas en las Sagradas Escrituras, mas estas realidades no han sido tuyas y tienes conciencia de que no están en tu propia alma. Crees en Cristo, hablas de El y le sirves, mas no le conoces como a la vida verdadera de tu alma, morando en ella y revelándose continuamente en toda su belleza.

Has hallado a Cristo como "Salvador de la PENA DEL PECADO," pero no le has recibido como el "LIBERTADOR de su PODER." Al estudiar con atención las Sagradas Páginas, has hallado preciosas verdades y has confiado en que alimentarían y alentarían tu vida espiritual y, sin embargo, a pesar de todo, tu alma está hambrienta y desfallecida y clama secretamente una y otra vez, por el pan y el agua de vida prometidos en las Santas Escrituras a todos los creyentes. En lo íntimo de tu corazón, sabes que tu experiencia no es escritural, que, como dijera un antiguo escritor "Vuestra religión, no es más que mera palabrería, en comparación con el gozo que poseían y en el cual vivían los primeros cristianos." Y tu corazón se desmaya, de ver que día tras día y año tras año, las tempranas visiones de triunfo, al parecer, se han ido ofuscando más y más y has establecido que lo mejor que se puede esperar de la religión, es una vida de fracasos y victorias alternados, una hora en el pecado, y la otra arrepintiéndote,

10

comenzando de nuevo, sólo para volver a fracasar y luego arrepentirte.

¿Pero es esto todo? ¿Tuvo el Señor Jesús sólo esto en su mente, cuando entregó su vida preciosa para librarnos de la cruel esclavitud del pecado? ¿Se propuso El darnos una libertad solamente parcial? ¿Fué su intento dejarnos luchando bajo una conciencia abrumada de derrotas y desalientos? ¿Temió El acaso que una victoria continua deshonrara Su nombre? Cuando fueron pregonadas todas aquellas declaraciones tocante a su advenimiento, y la obra que venía a efectuar, ¿significó que su resultado sería la experiencia que hasta ahora habéis tenido? ¿Habría alguna reserva oculta en cada promesa, que la privaría intencionalmente de su pleno cumplimiento? "Librados de nuestros enemigos" (Lucas 1:74), ¿significa que todavía han de dominarnos? "El cual hace que siempre triunfemos," (2 Corintios 2:14), ¿querrá decir que la victoria ha de ser ocasional? "Nos ha hecho más que vencedores por medio de Aquel que nos amó" (Romanos 8:37). ¿Significa continuas derrotas y fracasos? El ser "salvados hasta lo último," (Hebreos 7:25) ¿significará la deficiente salvación que vemos manifestada entre nosotros? ¿Podemos imaginar que nuestro Salvador, que fué herido por nuestras rebeliones y molido por nuestros pecados, pueda ver el trabajo de su alma y ser saciado, con las vidas cristianas de nuestras iglesias? La Biblia nos dice que "para esto apareció el Hijo de Dios, para deshacer las obras del diablo" (1 Juan 3:8), y ¿podemos imaginar por unos instantes que éste es mayor que Su poder y que El mismo se siente incapaz de cumplir aquéllo para lo cual vino?

Asentad entonces como principio, que Jesús vino para salvaros ahora, del poder y dominio del pecado, y haceros más que vencedores por medio de su poder. Si dudáis esto, escudriñad vuestras Biblias y juntad cada declaración o anuncio concerniente al propósito de su advenimiento y sacrificio en la cruz. Quedaréis atónitos al considerar cuán numerosas son. Por doquier y siempre, encontramos que su Palabra nos habla de libertad de nuestros pecados, de nuestro cautiverio y de nuestra contaminación, y no existe en ella ningún indicio de que nuestra libertad sea limitada o parcial, como algunos cristianos tratan de conformarse.

Permitidme exponeros la enseñanza escritural sobre el asunto. Cuando el ángel del Señor apareció en sueños a José y le anunció el advenimiento del Salvador, le dijo: "Llamarás su nombre Jesús, porque El salvará a su pueblo de sus pecados" (Mateo 1:21).

Cuando Zacarías fué "lleno del Espíritu Santo," en el tiempo del nacimiento de su hijo y profetizó, declaró que Dios había visitado a su pueblo, para cumplir la promesa que El les había hecho, la cual era: "Que sin temor, librados de nuestros enemigos, le serviríamos en santidad y en justicia delante de El, todos los días nuestros" (Lucas 1:74-75).

Cuando Pedro predicaba en el portal del templo a los judíos atónitos, les dijo: "A vosotros primeramente Dios, habiendo levantado a su Hijo, le envió para que os bendijese, a fin de que cada uno se convierta de su maldad" (Hechos 3:26).

Cuando Pablo escribió a la iglesia de Efeso, la maravillosa verdad que Cristo le había amado tanto, que se dió a sí mismo por ella para "santificarla, limpiándola en el lavacro del agua por la Palabra, para presentársela gloriosa para sí, una iglesia que no tuviese mancha, ni arruga, ni cosa semejante, sino que fuese santa y sin mancha" (Efesios 5:26-27), enseñó con esto el propósito para el cual lo había efectuado.

Cuando el mismo apóstol trataba de instruir a Tito, su hijo en la común fe, en lo concerniente a la gracia de

Dios, declaró que el objeto de ésta era enseñarnos a que "renunciando a la impiedad y a los deseos mundanos, vivamos en este siglo, templada, y justa y píamente" y agregó que Cristo "se dió a sí mismo por nosotros para redimirnos de toda iniquidad, y limpiar para sí, un pueblo propio, celoso de buenas obras" (Tito 2:12-14).

Pedro urgía a los cristianos a quienes estaba escribiendo a llevar una vida santa y conforme a Cristo diciéndoles: "para esto sois llamados, pues que también Cristo padeció por nosotros, dejándonos ejemplo, para que vosotros sigáis sus pisadas: El cual no hizo pecado; ni fué hallado engaño en su boca . . . . el cual mismo llevó nuestros pecados en su cuerpo sobre el madero, para que nosotros siendo muertos a los pecados, vivamos a la justicia, por la herida del cual habéis sido sanados" (1 Pedro 2:21, 22, 24).

Pablo, al mostrar a los Efesios el contraste que hay entre el buen camino de un cristiano, con el de un incrédulo, deja asentado que ésta es la verdad en Jesús "a que dejéis cuanto a la pasada manera de vivir, el viejo hombre que está viciado conforme a los deseos del error; y a renovaros en el espíritu de vuestra mente, y vestir el nuevo hombre que es criado conforme a Dios, en justicia y en santidad de verdad" (Efesios 4:22-24).

Y cuando en el capítulo seis de los Romanos, respondió para siempre al problema de que si un Hijo de Dios puede continuar en el pecado, mostró cuán ajena es tal cosa al espíritu de plena salvación en Jesús, trayendo al caso el hecho de que nuestra muerte y resurrección con Cristo, es un argumento irrefutable a favor de nuestra libertad del pecado, "porque los que somos muertos al pecado, ¿cómo viviremos aun en él? ¿O no sabéis que todos los que somos bautizados en Cristo Jesús somos bautizados en su muerte? Porque somos sepultados juntamente con El a muerte por el bautismo; para que como Cristo resucitó de los muertos por la gloria del Padre, así también nosotros andemos en novedad de vida." Y dice también: "sabiendo esto, que nuestro viejo hombre juntamente fué crucificado con El, para que el cuerpo del pecado sea deshecho, a fin de que no sirvamos más al pecado" (Romanos 6:2-4, 6).

Es un hecho que a veces se tiene como de poca importancia, que las declaraciones acerca del objeto de la muerte de Cristo, en cuanto a una salvación presente del pecado, son más abundantes que las que se refieren a una salvación futura a verificarse en el cielo: mostrando así con toda claridad la importancia que Dios da a ambas cosas.

Amados cristianos ¿queréis recibir el testimonio de la Palabra de Dios en este asunto? Las mismas preguntas cruciales, que turbaron a la iglesia en los días de Pablo, están turbándola en la actualidad. Primero: ¿Perseveraremos en pecado para que la gracia crezca? Segundo: ¿Luego deshacemos la ley por la fe? Nuestra respuesta será la enfática de Pablo: "En ninguna manera" y su triunfante aserción, "en lugar de abrogarla, establecemos la ley," "porque lo que era imposible a la ley, por cuanto era débil por la carne, Dios enviando a su Hijo en semejanza de carne de pecado, y a causa del pecado, condenó al pecado en la carne; para que la justicia de la ley fuese cumplida en nosotros, que no andamos conforme a la carne, mas conforme al espíritu" (Romanos 8:3-4).

¿Podemos suponer por unos instantes que el santo Dios que condena el pecado en el pecador, lo tolerará en un cristiano, habiendo preparado un plan de salvación en tal manera, que los que son salvos de la pena del pecado sean imposibilitados en su poder?

Como bien dice el doctor Chalmers: "El pecado es aquel escándalo que debe ser desarraigado de la gran familia espiritual, sobre la cual la divinidad se regocija. Administración extraña de veras, que el pecado sea tan aborrecido por Dios, de manera que ha puesto al que comete bajo la sentencia de muerte y, cuando ha sido readmitido a la vida, sea permitido todavía este pecado y que lo que antes haya sido el objeto de la venganza destructora, ahora lo sea de protección y disimulo.

"Ahora que la sentencia ha sido quitada, ¿pensáis que el Dios inmutable, que ha mostrado horror por el pecado, pueda cambiar, de modo que el hombre redimido pueda cometerlo bajo su indulgencia, perseverando en él porque se halla bajo un nuevo pacto? ¿Acaso el Dios que amó la justicia y aborreció la iniquidad, seis mil años atrás, no posee el mismo amor por lo justo y el mismo aborrecimiento por el pecado? Ahora respiro el aire de bondad celestial, y puedo andar en paz y gracia delante de Dios. ¿Atenderé otra vez la incompatible alianza de dos principios tan adversos como el ser aprobado por Dios y el persistir en el pecado?

"¿Cómo nosotros salvados de tan horrenda catástrofe, continuaremos en lo que nos envolvió en ella? La cruz de Cristo, con el mismo golpe decisivo y poderoso que quitó de nosotros el anatema del pecado, desarraigará seguramente su poder y nuestra inclinación hacia él."

Y no solamente el doctor Chalmers, sino muchos hombres santos de nuestra generación tanto como de las anteriores, se han unido en la declaración de que, la redención efectuada a nuestro favor por nuestro Señor Jesucristo en la cruz del Calvario, es una redención del poder del pecado, tanto como de su castigo, y que "El es poderoso para salvar hasta lo sumo a los que por él se allegan a Dios" (Hebreos 7:25).

Un célebre teólogo cuáquero del siglo décimo séptimo, dijo: "Nada hay que sea tan opuesto a Dios como el pecado y no es su plan que el mal domine su obra maestra: el hombre. Cuando consideramos el poder infinito de Dios, para destruir aquello que le es contrario, ¿quién puede creer que el diablo siempre podrá hacer frente y prevalecer? Creo que es absurdo e inconsistente con la verdadera fe, el ser cristiano y todavía creer que Cristo, el eterno Hijo de Dios a quien le es dado todo poder en los cielos y en la tierra, tolerará el pecado y que el diablo tendrá poder sobre ellos.

"Me diréis que ningún hombre puede libertarse por su esfuerzo propio y que ninguno puede vivir sin pecado. A esto, nosotros decimos: "es cierto." Pero si los hombres nos dicen que cuando el poder de Dios viene a nuestra ayuda para redimirnos del pecado, que El no puede efectuarlo, no podemos aceptar tal doctrina. Creo que vosotros tampoco lo haréis.

"¿Podría tener yo vuestra aprobación si os dijera que Dios ejerce su poder para salvarnos, pero que no puede hacerlo, porque el diablo se lo impide? ¿Acaso porque al diablo no le agrada, es imposible para Dios el efectuarlo? ¿Crees tú, que porque el diablo haya ejercido todo su poder en una persona, es imposible que sea libertada del pecado y nuestro poderoso Dios derribe las fuerzas infernales y expulse al enemigo? Esta es una doctrina lamentable, sin embargo, hay quienes la prediquen. Declaran con todas sus energías, que aunque Dios interponga su poder, la liberación es imposible, porque el enemigo se ha arraigado en la naturaleza humana. ¿No es el hombre la criatura de Dios, y no puede el que la hizo rehacerla y limpiarla del pecado? Me decís que el pecado está profundamente arraigado en el hombre; yo lo afirmo también, mas no tan profundo que Cristo Jesús no haya penetrado a la naturaleza humana y pueda hacerlo, pues El tiene poder para destruir al diablo y sus obras y redimir y restaurar al hombre a la justicia y la santidad. O de otra manera es falso lo que dice, 'que es poderoso para salvar hasta lo sumo a los que por él se allegan a Dios.' Debemos arrojar la Biblia a un lado, si decimos que Dios no puede salvar al hombre del pecado (1 Juan 3:8).

"Sabemos que cuando nuestros amigos caen prisioneros, pagamos por su rescate, como ha sucedido en varios lugares, pero no abonaremos nada, si ellos siguien retenidos en cautividad. ¿No nos sentiríamos defraudados, si después de haber pagado el rescate tuviera nuestro amigo que llevar las cadenas de la esclavitud, aunque le llamaran "cautivo redimido?" ¿Y durante cuánto tiempo? Mientras viva. Esto es humanamente hablando, pero ahora me referiré a las almas. Cristo debe obrar mi redención y rescatarme de la esclavitud. ¿Soy esclavo de algún pecado? Sí, en verdad lo soy porque el que hace pecado, es siervo de pecado" (Juan 8:34). Si habéis pecado, sois esclavos, cautivos que necesitáis ser redimidos de la cautividad. ¿Quién pagará el precio de mi rescate? Yo soy pobre. Nada poseo, no puedo efectuar mi redención. ¿Quién se hará cargo de ella? Hay UNO que ha pagado el precio. Perfectamente, son buenas nuevas. Abrigo la esperanza de salir de mi cautiverio. ¿Cómo se llama este amigo oportuno? Le llaman Redentor. Aguardo entonces los beneficios de mi rescate y seré libre. Algunos dicen que hay que pecar mientras se vive. ¡Qué! ¿Entonces nunca hemos de ser librados? ¿Siempre he de poseer este corazón pecaminoso y voluntad torcida? ¿Debo ser creyente y todavía no tener fe para recibir la santificación y llevar una vida de pureza? ¿No hay forma alguna para tener dominio y victoria sobre el pecado? ¿Prevalecerá éste sobre mí, durante mi existencia terrenal? ¿Qué clase de Redentor es éste, y cuáles son los beneficios que esta clase de redención me reporta en esta vida?"

Podemos citar trozos similares, de Marshall, y Romaine y muchos otros, para mostrar, que esta doctrina no es

17

nueva en la iglesia, no importa cuándo se haya perdido de vista entre los creyentes de la generación presente. Es la antigua historia, que ha llenado con cantos de triunfo, las vidas diarias de muchos santos de Dios, durante todas las edades y que ahora resuena nuevamente para las almas cansadas y cargadas.

No la rechacéis, hasta que con verdadera oración, hayáis escudriñado las sagradas páginas del Libro de Dios, para ver si estas cosas, son escriturales o no. Pedid al Señor, que por su Espíritu abra los ojos de vuestro entendimiento para que podáis conocer cuál es aquella "supereminente grandeza de su poder para con nosotros los que creemos por la operación de la potencia de su fortaleza, lo cual obró en Cristo, resucitándole de los muertos y colocándole a su diestra en los cielos" (Efesios 1:19-20). Y cuando hayáis comenzado a vislumbrar este poder, aprended a no mirar vuestra debilidad, mas poned vuestro caso en sus manos y confiad en que El os libertará.

"Cuando salieres a la guerra contra tus enemigos, y vieres caballos, y carros, un pueblo más grande que tú, no tengas temor de ellos, que Jehová tu Dios es contigo, el cual te sacó de tierra de Egipto. Y será que cuando os acercareis para combatir, llegaráse el sacerdote, y hablará al pueblo, y les dirá; Oye, Israel, vosotros os juntáis hoy en batalla contra vuestros enemigos: no se ablande vuestro corazón, no temáis, no os azoréis, ni tampoco os desalentéis delante de ellos; que Jehová vuestro Dios anda con vosotros, para pelear por vosotros contra vuestros enemigos, para salvaros" (Deuteronomio 20:1-4).

Capítulo 2

Las Dos Fases del Asunto—la Divina y la Humana

En referencia a una vida de andar por la fe, surgen muchos conceptos erróneos por la sencilla razón de que las dos partes del asunto no son entendidas con claridad. Hay personas que piensan en una sola fase de este asunto, y fijándose exclusivamente en la que entienden mejor, sin aun pensar en la otra, no es de extrañar, que como consecuencias legítimas, obtengan opiniones muy equívocas.

Ahora bien, hay dos partes decididamente distintas en esta vida de fe, y no podrá ser ésta bien comprendida, hasta que se tengan ambas a la vista. Entenderéis que me refiero a la divina y a la humana o, en otras palabras, la parte de Dios y la del hombre en la obra de la santificación. Ambas son diferentes y presentan su contraste y, aunque para un observador poco perspicaz parezcan contradictorias, no lo son en realidad.

En cierta ocasión esto me fué ilustrado en una manera muy clara. Celebraban en el mismo lugar y a horas alternadas, reuniones especiales dirigidas por dos predicadores de la santificación. Uno de ellos, trataba la parte de Dios, en esta segunda obra de gracia, y el otro, exclusivamente, la humana. Estaban ambos en perfecta armonía y entendían muy bien sus partes, es decir que estaban tratando el mismo asunto, en sus dos fases, culminando en la misma verdad. Y esto

19

también fué entendido por la gran mayoría de la concurrencia. Sin embargo, con algunos de sus oyentes no fué así, y una señora se me dirigió, diciéndome con gran perplejidad: "Yo no puedo entender esto; he aquí dos predicadores, tratando justamente de ilustrar la misma verdad y todavía me parece que se contradicen." Y en seguida que ella expresó su sentimiento, experimenté una gran confusión, que muy a menudo causa grandes dificultades en las mentes sinceras de muchos que investigan esta enseñanza.

Suponed que dos amigos van a ver un edificio célebre y al volver al hogar, comienzan a describirlo. Uno ha visto solamente la porción norte y el otro la del sur. El primero comienza la descripción y dice: "El edificio está construído en esta forma y tiene tales y tales ornamentos." "No es así, está usted equivocado," le interrumpe el otro. "La casa está construída en forma distinta, y los adornos no son como usted los menciona." Los mencionados descriptores comienzan a disputar, hasta que ambos llegan a darse cuenta de que han visto diferentes partes del mismo edificio, y que por lo tanto tienen razón el uno y el otro.

Tanto como me sea posible, quiero dejar asentado con claridad, que en este asunto hay dos partes; y, además, mostrar cómo al fijarnos solamente en una, podemos crearnos una idea falsa del conjunto de la verdad.

En pocas palabras quiero expresarlo: "La parte del hombre es confiar, y la de Dios, obrar." Casi de un vistazo puede verse el contraste de la una y la otra, y que no son contradictorias. Por esto quiero decir que hay cierta obra que necesita ser efectuada. Debemos ser librados del pecado y ser hechos perfectos en toda obra buena, para hacer la voluntad de Dios. "Mirando . . . . como en un espejo la gloria del Señor." debemos ser actualmente "transformados de gloria en gloria en la misma semejanza como por el Espíritu del Señor" (2 Corintios 3:18). Debemos ser transformados por la "renovación de vuestro entendimiento, para que experimentéis cuál sea la buena voluntad de Dios agradable y perfecta" (Romanos 12:2). Se ha de verificar en nosotros una obra real y verdadera. Los pecados que nos conquistan, han de ser vencidos, las costumbres viciosas han de ser quitadas, las disposiciones y sentimientos malos tienen que ser desarraigados para dar lugar a los santos. Ha de tomar lugar una transformación positiva. Por lo menos esto es lo que enseña la Biblia. Ahora bien, esto debe ser efectuado por alguien. O tenemos que hacerlo nosotros, o alguno tendrá que efectuarlo en nuestro ser. Muchos de nosotros hemos tratado de hacerlo, pero nos hemos desanimado por el fracaso; entonces, hallamos en las sagradas páginas del Libro de Dios y también lo aprendemos experimentalmente, que es algo que nosotros no podemos hacer, sino que es el propósito de nuestro Señor Jesucristo el efectuarlo y que lo hará con todos aquellos que se pongan en sus manos sin reserva y confíen completamente en El. Bien, bajo tales circunstancias, ¿cuál es la parte del creyente y cuál la del Señor? El creyente, nada puede hacer, sino confiar, mientras que Dios, en quien hemos depositado toda nuestra confianza, efectúa la obra que le hemos encomendado.

"Confiar y obrar," son expresiones de contraste y, muchas veces, contradictorias; pero ¿son así en este caso? Manifiesto es que no, puesto que son los dos interesados. Si se tratara de que un partido de una transacción haya confiado su caso a otro y todavía le siga atendiendo, y preocupándose, diríamos que es un imposible, un absurdo. Pero cuando en una transacción hay dos partes, las cuales confíanse mutuamente para efectuar algo, y la persona indicada cumple con su cometido, están en perfecta armonía. Entonces y en igual manera, cuando hablamos de una vida celestial, y decimos que el hombre debe confiar, porque Dios va a obrar en aquello que se le ha encomendado, no presentamos ningún problema difícil de resolver.

El predicador que versa sobre la parte humana en la obra de la santificación no tiene mas que dos asuntos para tratar: el rendimiento y la fe. Pues en realidad esto es lo único que el ser humano puede hacer. Los que no entienden, critican a tales hombres, pensando que ignoran la fase más importante del asunto: la obra de Dios, y que abogan solamente por la fe como la única cosa necesaria y entonces dicen que esta enseñanza de fe, echa fuera todas las realidades, que se enseña a las gentes que solamente deben tener confianza, y que con ésta todo termina; y que tales personas desde este momento descansan en una especie de sillón religioso, vislumbrando una vida mejor sin llegar a resultados positivos para la actualidad. No hay duda de que todos estos errores provienen del hecho, o que el predicador no ha establecido bien las diferencias, o que el oyente no ha prestado la debida atención al mensaje que resumo en estas palabras: "Cuando nosotros confiamos, el Señor obra, pues la mayor parte es efectuada por El y no por nosotros." Los resultados actuales, vienen tras nuestra fe, pues el Señor se encarga de aquello que le hemos confiado para llevarlo a buen término. Nosotros no hacemos nada, es El quien lo hace, y por eso tanto mejor y más efectivo. La dificultad de la predicación de la santificación por la fe, se desvanece tan pronto como quedan aclarados estos dos puntos de vista.

Por otra parte, el predicador que sólo trata de la obra de Dios, es censurado sobre una base completamente diferente. El no puede hablar de la fe, porque ésa no es la parte de Dios, pues la suya es obrar. Su misión es hacer aquello que le hemos encomendado. Y luego El nos disciplina y enseña interiormente, y por su providencia en nuestras vidas. En su amor y sabiduría emplea todos los recursos que nos refinarán y purificarán. El permitirá que cada cosa, cada circunstancia de nuestras vidas contribuyan al gran propósito de hacernos crecer en la gracia y transformarnos día tras día y hora tras hora a la bendita imagen del Señor. El nos conduce por un proceso de transformación de mayor o menor duración, según se requiera, haciéndonos experimentar los resultados de la obra que está efectuando en aquello que le hemos encomendado. Por ejemplo, nos hemos atrevido a reconocernos muertos al pecado según lo expresa Romanos 6:11, y hemos dado tal paso por la fe. Nuestro Dios transforma esto en una realidad, y por medio de pequeñas contrariedades y cruces pone a muerte la vieja naturaleza. El reconocernos muertos al pecado tiene valor, solamente porque el Señor lo realiza. Sin embargo, cuando el predicador se refiere a este lado práctico del asunto, hablando del proceso de Dios, para que aquello que hemos aceptado por la fe llegue a sernos una preciosa realidad, piensan que contradice la predicación de la fe y que enseña una santificación gradual por obras, presentando así a las almas algo que es imposible y sin esperanza.

Ahora bien, la santificación abarca un paso de fe y un proceso de obras. Por nuestra parte, es un paso de rendimiento y confianza y por la de Dios un proceso de desarrollo. Por un paso de fe estamos en Cristo, por un proceso "crezcamos en todas cosas, en aquel que es la cabeza" (Efesios 4:15). Por un paso de fe nos ponemos en las manos del Divino Alfarero; por un proceso gradual, nos hace vasos para su honor, listos para su servicio y aparejados para toda buena obra (2 Timoteo 2:21).

Os daré una ilustración al caso. Supongamos que una

persona no entendida me consulta sobre la manera de efectuar una hermosa vasija de barro. La primera cosa que haré es indicarle la parte que el alfarero tiene en la fabricación; y todo cuanto puedo decirle en cuanto a la parte del barro, es que está pasivamente en las manos del alfarero, sometido a todas las operaciones del fabricante (Jeremías 18:2-6). No podemos decir más en cuanto a la parte del barro. ¿Acaso puede mi oyente argüirme, al decirle que el barro no tiene otra cosa que hacer? Si es inteligente ni soñará en hacerlo, pero dirá: "Comprendo, que el barro no tiene otra cosa que hacer, pero, ¿qué debe hacer el alfarero?" "¡Ah!" le respondo, "ahora viene la parte realmente importante. El alfarero toma el barro que se le ha designado y comienza a amoldarlo y formarlo según su deseo. El lo amasa y la labra, lo rompe y lo vuelve a apretar, lo moja y luego lo vuelve a secar. Algunas veces lo trabaja durante horas, otras lo pone a un lado y no lo toca por un tiempo. Y entonces cuando por todo este proceso le ha hecho perfectamente flexible en sus manos, procede a fabricar el vaso que se ha propuesto. Le da vueltas sobre la rueda, lo alisa, lo pone al sol para secarlo, lo pone en el horno y, finalmente, lo saca de su taller, hecho un vaso para su honra y digno de su uso."

¿Dirá ahora mi lector que me contradigo, pues hace unos instantes dije que el barro nada tenía que hacer en la fabricación, sino descansar pasivamente en las manos del alfarero, y que ahora le atribuyo una grande obra de la cual es incapaz, es decir, que se transforma a sí mismo en un vaso, lo cual es imposible? ¿Seguramente que no, pues sin duda habrá notado que al principio yo estaba hablando de la parte del barro en el trabajo, y que ahora me refiero a la del alfarero, y aunque estos dos ofrecen necesariamente un contraste,

24

no son en lo más mínimo contradictorias, pues no se espera que el barro haga la obra del alfarero, sino que solamente permanezca rendido a su obra.

A mí me parece que nada puede ser más claro que la perfecta armonía entre estas dos enseñanzas, que a simple vista parecen contradictorias.

¿Qué podríamos decir de la parte del hombre en esta grande obra, sino que debe permanecer en una actitud de constante rendimiento y confianza? Pero cuando nos referimos a Dios, ¿qué no podemos decir de las múltiples y maravillosas maneras por las cuales lleva a cabo la obra que se le ha confiado? Aquí es donde en realidad comienza el crecimiento. La masa de barro jamás hubiera podido llegar a ser un vaso, si hubiera permanecido aun por millares de años en el barrizal; pero cuando es puesto en las manos de un alfarero experto, se transforma rápidamente bajo su trabajo, en la obra que él propuso efectuar. De igual manera, el alma que se ha rendido a la obra del Divino Alfarero, se transforma en un vaso para su honor, preparado para los fines del Maestro.

Si habéis dado el paso de fe poniéndoos en sus manos, debéis esperar que El comience su obra. Quizá el modo en que El efectúe aquello que le habéis encargado sea muy distinto del que imaginabais, pero El sabe mejor lo que necesitáis y debéis quedaros satisfechos.

Tuve la oportunidad de conocer a una señora que había entrado en esta vida de fe, con una gran efusión del Espíritu, una preciosa abundancia de gozo y luz. Por consiguiente, ella supuso que esto no era mas que el camino de preparación para un gran servicio, y esperaba ser llamada inmediatamente, para ocuparse en la obra del Señor. Pero en lugar de resultar lo que ella esperaba con tanta certidumbre, sucedióle algo muy distinto. Casi de inmediato, su esposo perdió el dinero que poseía, y la señora, que hasta entonces no había tenido que ocuparse en los trabajos domésticos, tuvo que hacerse cargo del trabajo de la casa, sin tener en absoluto, el tiempo para dedicarlo a la obra del Evangelio. Aceptó ella con placer la disciplina que le fué impuesta poniéndose de todo corazón y complacida, a barrer, sacudir, cocinar y coser, como si estuviera predicando, orando, escribiendo o haciendo otra cosa para el Señor. Y el resultado fué lo más hermoso de todo, pues su Dios pudo así transformarla en "un vaso para su uso y aparejado para toda buena obra."

Otra señora había tomado este paso de fe bajo circunstancias similares, en cuanto a las maravillosas bendiciones que el Señor le prodigó y también esperaba tener alguna gran actuación en la obra, pero en lugar de ello fué encargada de entretener y cuidar todo el día a dos chiquillos inválidos y de un carácter terrible. Pero esta señora no fué como la anterior y no aceptó la disciplina, pues se enojó, lamentó y finalmente se rebeló, perdiendo así toda la bendición y volvió atrás, enfriándose completamente, y quedando en una condición espiritual muy lamentable.

Ella había aprendido a comenzar en este sendero de fe, pero no logró comprender el proceso divino que con ella obraba en tal forma y para su bien, para efectuar aquello que ella misma le había encomendado. Saltó de las benditas manos del Alfarero y el vaso quedó inútil.

Creo firmemente, que al igual del mencionado, muchos vasos han quedado inútiles por falta de conocimiento en estas cosas. La madurez de la experiencia cristiana no puede ser conseguida en un momento, pero es el resultado de la obra del Espíritu Santo, por su

26

poder transformador, obrando e impulsando el crecimiento hacia la medida de Cristo. Y no podemos ni debemos esperar con seguridad esta madurez, por ningún otro medio, que el rendirnos total y voluntariamente en sus poderosas manos. Debemos saber que la santificación a la cual las Sagradas Escrituras nos amonestan, no es la madurez del crecimiento, sino pureza de corazón y nuestro corazón es tan puro en el principio cuando el Señor nos santifica, como en los últimos períodos de la vida cristiana a que lleguemos.

La masa de barro, desde el instante que queda depositada en las manos transformadoras del alfarero, es en cada hora y en cada momento, lo que su dueño quiere que sea, pero está muy lejos de ser el vaso cuyo modelo se ha propuesto para el futuro.

Un bebé puede ser un niño perfecto, y por lo tanto, agradará completamente a su madre. Sin embargo, está muy lejos de ser el ideal materno para la edad viril.

Un manzano da un fruto perfecto durante el verano, pues no puede darlo mejor en esa estación, sin embargo, no es comparable con la manzana que puede producir en el otoño.

Las obras de Dios son perfectas en cada paso de su desarrollo. Las de los hombres no lo son, hasta que están completas en todos sus aspectos.

Entonces todo lo que enseñamos de esta vida de santificación, es que por un acto de fe, debemos ponernos en las manos del Señor, para que El obre en nosotros "el querer como el hacer de su buena voluntad," y mediante la fe ejercitada, permanecer en El constantemente. Y mientras lo practicamos, según la Palabra de Dios, estamos agradándole, aunque se requieran largos años para transformarnos en el vaso de su honor.

Nuestra parte es confiar; la suya es llevar a feliz tér-

27

mino los resultados. Y cuando cumplimos con nuestro deber El no fracasa en hacer su obra, pues no hay ninguno que por confiar en el Señor haya sido avergonzado. No temas, pues, de confiar en El y de enseñar a otros que lo hagan, pues el Señor no faltará y llegará a buen término. El confiar es el principio y el fundamento perpetuo, pues cuando lo hacemos, nuestro Dios obra y ésta es la cosa de mayor importancia. Esto aclara la aparente paradoja que deja a tantos en perplejidad. Tales personas nos replican: "A veces nos decís que no hagamos nada más que confiar, y otras, nos pedís imposibles." ¿Cómo es posible reconciliar declaraciones tan contradictorias? Pues en la misma forma que diríamos que un serrucho ha partido una tabla, y en seguida dijéramos que lo ha hecho el carpintero. El serrucho es la herramienta usada, pero el poder que lo ha hecho obrar, es del carpintero. Cuando nos consagramos totalmente a Dios y nuestros miembros son instrumentos de justicia, hallamos que El obra en nosotros el querer y el hacer de su buena voluntad, y podemos decir con Pablo: "He trabajado . . . . pero no yo, sino la gracia de Dios que fué conmigo."

En el orden divino la honra de Dios depende de nuestra cooperación. La Palabra nos declara que en cierto lugar el Señor no pudo obrar a causa de la incredulidad; no era que El no quería hacerlo, mas no podía, por la falta de fe de los moradores. A veces pensamos que Dios no quiere hacer algo, cuando en realidad es que no puede. En igual manera, que el hábil alfarero no puede hacer un vaso con barro que jamás ha estado en sus manos, Dios no puede hacerlo con una persona que no se haya rendido a El. Mi parte es la correlación esencial de la de Dios en cuanto a mi salvación. Y como Dios es fiel y no puede faltar, lo esencial es que yo conozca mi deber y lo haga.

28

Por consiguiente en la mayor parte de este libro trataré de la parte del ser humano en esta vida de fe, puesto que para ellos escribo, y con la esperanza de ranza de aclarar nuestro deber en esta gran obra. Pero quiero que sea bien entendido, que si yo no creyera con todo mi corazón, en la obra efectiva de Dios en la santificación, no hubiera escrito ni una palabra de este libro.

Capítulo 3

Explicaciones Concernientes a la Vida de Fe

En el primer capítulo traté de establecer el punto de razones escriturales sobre las cuales se apoya la enseñanza llamada algunas veces la "Vida Cristiana Superior," pero que en realidad, es la verdadera vida cristiana, y la que para mí, está encarnada en estas palabras: "la vida escondida con Cristo en Dios." En el segundo capítulo, procuré reconciliar las dos fases distintas de esta vida; esto es, la parte efectuada por el Señor y la que necesariamente debe ser efectuada por nosotros. Así es que dejaré ahora como punto ya establecido, que las Escrituras presentan y ofrecen al creyente en Cristo Jesús, una vida de descanso permanente y victoria continua, la cual está muy lejos de ser la que ordinariamente llevan algunos cristianos; y que se nos presenta en la Biblia, un Salvador poderoso para salvarnos del poder del pecado, con la misma realidad que nos ha librado de la condenación que por su causa merecíamos.

Entraremos ahora a considerar las principales características de la vida escondida con Cristo en Dios y cómo difiere de la experiencia cristiana general.

Sus principales características son: un completo rendimiento al Señor y una confianza perfecta en El, dando como resultado, victoria sobre el pecado y un descanso interior, es decir, del alma: y difiere de las bajas experiencias cristianas, en que nosotros echamos todas nuestras cargas sobre el Señor para que El se entienda con todos nuestros asuntos en lugar de tratar nosotros con ellos.

En su gran mayoría los cristianos son semejantes a un hombre que recorría lentamente un camino, agobiado por una carga muy pesada. Acercósele un carro y su conductor le ofreció en la forma más cordial y compasiva un lugar junto a él, ofreciéndole al mismo tiempo su ayuda, durante el viaje. Con gran regocijo aceptó la tan apetecible oferta, pero una vez sentado en el carro, continuaba con su carga al hombro. "¿Pero por qué no deja usted su carga?" interrogóle el carrero. "¡Oh!" replicó, "yo creo que es casi demasiado que usted me lleve en su carro y no puedo pensar en permitirle llevar también mi carga." Y así hay cristianos que se han puesto bajo el cuidado y la protección del Señor, que siguen abrumados bajo el peso de sus dificultades y andan cansados y atribulados por todo el camino.

Cuando hablo de cargas, me refiero a cualquier cosa que pueda turbarnos ya sea espiritual o temporal.

La primera carga a la cual me referiré es, "nosotros mismos." La más pesada es el "Ego," el "YO." La cosa más difícil que tendremos que gobernar es el "YO," nuestra propia vida diaria, nuestras disposiciones y sentimientos, nuestras debilidades particulares y tentaciones, nuestros temperamentos peculiares, nuestros asuntos privados de todas clases, son los que más nos confunden y afligen, y los que nos traen con mayor frecuencia a servidumbre y obscuridad. Para que puedas deshacer tus cargas, lo primero que debes hacer es abandonarte a tí mismo. Debes ponerte tú con tus tentaciones, tu temperamento, tus disposiciones y sentimientos, y todas tus experiencias íntimas dejándolas al cuidado y protección de tu Dios. El te ha hecho y por lo tanto te entiende, te conoce y sabe cómo gobernarte; por lo tanto, debes confiar en que El lo hará. Dile: "Señor, heme aquí, me entrego completamente a Tí. He tratado en todas las formas posibles, de gobernarme y de hacer de mí mismo lo que yo reconozco que debiera ser, pero siempre he fracasado. Ahora me pongo en tus manos. Toma entera posesión de mí. Obra en mí todo el beneplácito de tu voluntad. Trasfórmame y amóldame en un vaso para tu honor, santificado y listo para tus usos, y preparado para toda buena obra." Y aquí debes descansar confiando en el Señor, continua y absolutamente (2 Timoteo 2:21).

En seguida debes dejarle cualquier otra dificultad; tu salud, tu reputación, tu obra cristiana, tus casas, tus hijos, tus negocios, tus sirvientes, en otras palabras, cualquier cosa que te concierne ya sea exterior o interior.

Por lo general es más fácil encomendar al Señor el futuro que el presente. Sabemos que somos incapaces en cuanto al futuro, pero sentimos como si el presente estuviera en nuestras manos y debiéramos cargarlo sobre nuestros hombros, y la mayor parte de nosotros, tenemos la idea aunque no confesada, que es demasiado para el Señor, llevarnos a nosotros y con cuánta mayor razón nuestras cargas.

Conocí a una señora cristiana que tenía una prueba temporal bastante pesada. Quitábale el sueño, y el apetito y aun su salud peligraba. Un día, cuando la carga parecía pesar más sobre su corazón, notó que sobre su mesa había un pequeño tratado titulado, "La fe de Ana." Atraída por el título lo tomó y comenzó a leerlo ignorando el cambio que efectuaría en su vida. El folleto relataba la historia de una pobre mujer que había llevado una vida triunfante durante una existencia de tristezas poco común. Ella contaba la historia de su vida a

32

una visita, quien al retirarse le dijo con sentimiento: "¡Oh! Ana, yo no veo cómo usted puede soportar tanta tristeza." "Yo no la llevo," fué la respuesta, "el Señor la lleva por mí." "Sí," dijo la visitante, "esa es la cosa." Debemos llevar nuestras penas al Señor. "Sí," replicó Ana, "pero eso no es todo, debemos dejarlas allí. La mayor parte de la gente," prosiguió, "llevan sus cargas al Señor para volver otra vez con ellas y continúan turbados e infelices. Pero yo le llevo la mía y se la dejo y, al volver, me olvido de ella. Si la tristeza vuelve, se la llevo a El otra vez, y lo hago hasta que por fin olvido mis penas y tengo perfecto descanso."

Mi amiga quedó muy impresionada con este plan, y resolvió probarlo. Las circunstancias de su vida no cambiaron, pero ella las llevó al Señor y las depositó en sus manos para su manejo; entonces ella creyó que El las tomaba y dejó toda responsabilidad, tristezas y ansiedades a su cuidado. Tan a menudo como las ansiedades querían volver, volvía a llevárselas, y el resultado fué que aunque las circunstancias no cambiaron, fué guardada en perfecta paz. Supo ella muy pronto que había hallado un secreto muy práctico, y desde aquel día nunca volvió a llevar sus propias penas ni a dirigir sus asuntos, pero tan pronto como aparecían, los entregaba a Aquel que llevó nuestras cuitas.

Como al descubrir este secreto halló tanta ayuda para su vida exterior, quiso probarlo también en su vida interior, la cual en realidad le era más ingobernable, y encontró que fué muy eficaz. Rindióse completamente al Señor, todo lo que era y poseía y creyó que El había recibido su ofrenda; cesó entonces de enojarse y molestarse, y su vida vino a brillar de alegría con el conocimiento de que ya no se pertenecía a sí misma, sino que era del Señor. Había descubierto un secreto muy simple: que era fácil obedecer el mandamiento encerrado en estas palabras: "Por nada estéis afanosos, sino sean notorias vuestras peticiones delante de Dios, en toda oración y ruego con hacimiento de gracias" (Filipenses 4:6), y que obedeciéndolo, el resultado sería conforme a la promesa, "la paz de Dios que sobrepuja todo entendimiento, guardará vuestros corazones y vuestras mentes en Cristo Jesús."

Hay muchas otras cosas que decir de esta vida escondida con Cristo en Dios, pues son muchas las maneras en que el Señor obra con aquellos que se ponen completamente en sus manos. Pero ya ha sido dada la substancia del asunto, y el alma que ha descubierto este simple secreto de fe, ha encontrado la llave que le abrirá la tesorería de Dios.

Estoy segura de que estas páginas llegarán a las manos de algún hijo de Dios, hambriento de una verdad tal como ésta que he estado describiendo. Tienes deseos indecibles de dejar la carga que te agobia. Te regocijas de poder entregar tu ser ingobernable a Uno que es apto para hacerlo. Estás cansado y apenado, y el descanso al cual yo me refiero se te presenta como la cosa más deseable.

¿Recuerdas la deliciosa sensación de reposo que has experimentado al retirarte a tu lecho en la noche, después de un día de grandes esfuerzos y cansancio? ¡Cuán agradable era el descanso de todos los músculos y el permitir que el cuerpo reposara abandonado con toda comodidad! La tensión del día cesó, a lo menos, por algunas horas y el trabajo fué interrumpido. Dejaste de sostener tu cabeza dolorida y tu espalda cansada. Confiaste en la cama con indecible seguridad y ésta te sostenía sin la necesidad de ningún esfuerzo tuyo ni nada de tu parte. Descansabas.

Pero supongamos que hubieras estado dudando de la resistencia y estabilidad de tu cama y que, momento tras momento hubieras esperado que se rompiera y hubieras estado aguardando el encontrarte en el suelo. ¿Hubieras podido descansar? ¿No es verdad que tus músculos hubieran estado en una condición de esfuerzo tal que te hubieras empeorado en lugar de hallar el deseado reposo?

Permite que esta ilustración te enseñe el significado de lo que es en realidad descansar en el Señor. Haz que tu alma descanse en el lecho de su dulce voluntad como lo haces en tu lecho durante la noche. Deja toda inquietud y abandona tu carga. Quédate en completo descanso, seguro de que El te sostiene. Tu parte simplemente es descansar, la Suya sostenerte y El no puede fallar.

Consideremos otra ilustración; la misma que nuestro Señor tomó de la vida del niño. Y llamando Jesús a un niño le puso en medio de ellos, y dijo: "De cierto os digo, que si no os volviereis, y fuereis como niños, no entraréis en el reino de los cielos" (Mateo 18:3).

Ahora bien, ¿cuáles son las características de una vida infantil? Vive por la fe, y lo más notable es su ausencia de cuidados. Su vida es un continuo confiar desde el principio hasta el fin del año. Confía en sus padres, en los sirvientes, en sus maestros y aun a veces en personas indignas de su confianza. Sabemos que tal confianza es siempre recompensada con abundancia. El niño nada se provee y, sin embargo, todo se le prodiga. No piensa nunca en el mañana, no hace planes y, sin embargo, toda su vida está delineada y encuentra sus senderos ya preparados y abiertos tan pronto como va llegando a ellos, con el correr de los días y de las horas. Entra y sale de la casa de sus padres lleno de felicidad, regocijándose por todas las cosas que en ella halla y sin molestarse para nada. Puede haber pestilencia por todas las calles de la ciudad, pero el niño no se preocupa de esto. El hambre, el fuego, y la guerra pueden estar en torno suyo, sin embargo el cariñoso cuidado paternal le guarda en perfecto descanso. Vive en el presente y recibe la vida sencillamente como viene y bajo la protección paternal.

En cierta ocasión, encontrábame visitando un opulento hogar, donde había una niñita que había sido adoptada por la familia y, sobre la cual, había sido derramado todo el amor, ternura y cuidado que pueden prodigar los seres humanos. Observé cómo aquella niñita corría libremente dentro y fuera de la casa, con el descuido feliz de la infancia; entonces pensé que éste era un cuadro que representaba nuestra posición de hijos en la casa de nuestro Padre celestial y dije para mis adentros: "Si nada aflige tanto a los corazones amantes que la rodean, como el verla inquietarse en sí tendrá qué comer, con qué vestir y educarse en el futuro; con cuánta mayor razón, el corazón de nuestro Dios y Padre celestial será contristado y herido al ver a sus hijos llenos de aflicciones y ansiedades. Y comprendí, entonces, por qué el Señor nos dice con tanto énfasis: "No os afanéis" (Mateo 6:31).

¿Quién es el que recibe mayor cuidado en la casa? ¿No es el niño? Y ¿no acaso el bebé quien lo recibe mayor aún? Todos sabemos que el niño no trabaja ni hila y, sin embargo, es alimentado, vestido, amado y causa mayor regocijo que el que más trabaja.

Vemos entonces que la vida de fe consiste precisamente en ser "como niños en la casa de nuestro Padre." Y esto es lo suficiente para transformar una vida fatigada en una de bendición y descanso.

Haz que la vida de confianza sin límites y falta de ansiedades que tanto te agrada ver en la infancia, te enseñe cuán feliz puede ser tu sendero con la compañía de tu Dios; abandónate en sus manos y, literalmente, "por nada estéis afanosos," y así hallarás que "la paz de Dios que sobrepuja todo entendimiento, guardará (cual si fuera una guarnición) vuestros corazones y vuestros entendimientos en Cristo Jesús."

"Tú le guardarás en perfecta paz, cuyo pensamiento en tí persevera; porque en Tí se ha confiado" (Isaías 26:3). Esta es la descripción que Dios hace de la vida de fe a la cual me he referido. No es una teoría especulativa, ni el sueño de un romance. Hay una experiencia por la cual nuestras almas serán guardadas en perfecta paz durante esta vida y la confianza infantil en Dios es la llave para lograrla.

Capítulo 4

Cómo Apropiarla y Realizarla

Habiendo visto ya que la vida escondida con Cristo en Dios es escritural y habiendo indicado en parte en qué consiste, el asunto que ahora trataremos, es "cómo apropiarla y realizarla." En primer lugar, quiero decir que esta bendita vida no debe ser mirada en ningún sentido como una obtención, sino como la aceptación de lo que Dios mismo ofrece. No podemos merecerla, ni ascender hasta llegar a ella; tampoco podemos ganarla; no tenemos mas que pedirla para recibirla. Es el don de Dios en Cristo Jesús. Y cuando alguna cosa es un don, todo lo que podemos hacer es recibirla y agradecer al dador. Jamás al referirnos a un obsequio decimos: "Mire lo que he obtenido," como si por nuestra habilidad y sabiduría lo hubiéramos conseguido; sino decimos: "Mire lo que me han regalado" y nos jactamos del amor, riqueza y generosidad del donante. En igual manera nuestra salvación es un don. Desde el principio hasta el fin. Dios es el Dador y nosotros los obsequiados; y sus ricas promesas no son para aquellos que hacen grandes cosas, sino para los que "reciben abundancia de la gracia y de los dones de la justicia."

Por lo tanto, para alcanzar la experiencia práctica de esta vida interior, el alma debe estar en una actitud receptiva, reconociendo completamente el hecho de que es una dádiva de Dios en Cristo Jesús y que no puede ser ganada por ningún esfuerzo ni obra propia. Esto simplificará grandemente el asunto; y lo que entonces vamos a considerar es a quiénes Dios confiere este don y cómo deben recibirlo. Para hacerlo más claro responderé en breves palabras: Dios solamente lo conferirá al alma completamente consagrada y ésta debe recibirlo por la fe.

La primera cosa necesaria es la consagración; no la consagración en el sentido legal, como si fuera para adquirir o merecer la bendición, sino para remover las dificultades del camino y facilitar la obra de Dios. De la manera que una masa de barro debe estar en las manos del alfarero antes que él la transforme en una hermosa vasija, así el alma, para que similarmente pueda ser transformada en un vaso para la honra de Dios, "santificado y listo para los usos del Maestro y preparado para toda buena obra." Me parece que a simple vista esto es muy claro.

En cierta ocasión tuve la oportunidad de explicar a un médico jefe de un hospital, la necesidad y el significado de la consagración lo cual le parecía incomprensible. Por último le dije: Suponga que al hacer sus visitas entre los enfermos encuentra usted a un hombre que le ruega tome especial cuidado para sanarle; pero que al mismo tiempo se negara a decirle todos los síntomas de la enfermedad y a tomar los medicamentos que usted le prescribiera y le dijera: "Estoy dispuesto a seguir sus instrucciones en ciertas cosas que me parecen surtirán buen efecto, pero en otras yo juzgaré si las he de seguir o no." ¿Qué haría usted con un caso así? "¿Yo? . . . ." preguntó con indignación, "¿qué haría? pues dejaría al hombre que se cuidara solo." Y agregó: "nada puedo hacer yo si él no se pone completamente en mis manos y obedece mis instrucciones implícitamente." Entonces le dije: "¿Es necesario que los pacientes obedezcan a los médicos si desean ser curados?" "Deben obedecer implícitamente," fué su enfática respuesta. "Y," continué yo, "ésa es la consagración. Dios debe tener nuestro caso completamente en sus manos sin reserva alguna y sus instrucciones deben ser seguidas al pie de la letra." "¡Ya lo veo!" exclamó el facultativo, "¡ya lo veo y lo haré! Desde ahora en adelante que Dios haga en mí su voluntad."

Es probable que para algunas personas las palabras "rendimiento" o "abandonarlo todo," les traigan una idea mejor que la palabra "consagración;" pero cualquiera que sea el término usado, nos referimos a un absoluto y completo rendimiento a Dios, espíritu, alma y cuerpo, todo puesto bajo su control para que El haga en nosotros su buena voluntad. Por eso queremos decir que el lenguaje de nuestros corazones será bajo cualquier circunstancia y en vista de cualquier acto, "sea hecha su voluntad;" entregándole al Señor toda nuestra facultad de elección. Y esto significa una vida de verdadera obediencia.

Para la persona que no conoce a Dios, puede parecerle demasiado duro, pero para aquellos que le conocen es la vida más feliz y tranquila. El es nuestro padre y nos ama; El sabe muy bien lo que es mejor para nuestras vidas y, por lo tanto, su voluntad será la cosa más bendita que pueda acontecernos bajo cualquier circunstancia. Lo que no puedo comprender es cómo los ojos de tantos cristianos han sido cegados a esta verdad. Pero en realidad parece que los hijos de Dios tienen más temor a la voluntad divina, que a cualquier otra cosa en la vida. Su voluntad hermosa y agradable, que sólo significa conmiseración, misericordia y bendiciones indecibles para el alma! ¡Oh, si yo pudiera exponer la insondable dulzura de la sublime voluntad de Dios!

El cielo es un lugar de infinita bienaventuranza, porque la voluntad de Dios es perfectamente obedecida;

y nuestras vidas serán benditas en la misma proporción con que obramos la voluntad de Dios. El nos ama, nos ama, repito, y el deseo del amado, es siempre una bendición para el ser que es el objeto del amor. Algunos de nosotros sabemos lo que es amar, y si estuviera en nuestro poder, con cuántas bendiciones colmaríamos a nuestros seres queridos. Todo lo bueno, feliz y amable sería derramado sobre ellos, si tuviéramos el poder para hacerlo. Y si así amamos nosotros, ¡cuán grande será el amor de nuestro Dios, quien es amor en esencia! ¡Ojalá pudiéramos tener por unos instantes un vislumbre de la profundidad inconmensurable de su amor; entonces nuestros corazones se regocijarían y correrían al encuentro de su voluntad para abrazarla como si hubiéramos hallado un tesoro! Debemos aceptarla con entusiasmo, gratitud y gozo, ya que el Señor nos ha concedido tan grandioso privilegio.

A muchos cristianos les parece que lo que nuestro Padre celestial desea es una oportunidad para hacerles miserables, quitándoles toda la felicidad; y se imaginan, pobres almas, que si ellos retienen las cosas en sus manos, impedirán que pueda hacer semejante cosa. Me da vergüenza tener que escribir tal cosa, pero es una realidad que hace infelices muchas existencias.

Un creyente que estaba pasando por grandes pruebas, le relataba a otro los grandes esfuerzos que hacía por deshacerse de ellas, y concluyó diciendo: "Pero todo es vano y no me queda más que hacer, sino confiar en el Señor." "¡Ah! . . . ." exclamó su amigo, "¿a eso has llegado?" como si cosa peor no le pudiera haber acontecido.

Cierta señora cristiana expresó a una amiga lo difícil que le era decir, "hágase tu voluntad," y aun cuánto temor tenía de hacerlo. Ella era madre de un niñito, el cual era el heredero de una inmensa fortuna y el ídolo de su corazón. Después que ella expuso sus dificultades su amiga le dijo: "Supongamos que mañana viniera su Carlitos y le dijera: 'Mamá, he resuelto que en adelante he de dejarme gobernar. Voy a obedecerte siempre para que tú hagas de mí lo que te parezca mejor. Confiaré en el amor que me profesas.' ¿Qué clase de sentimientos tendría usted para su hijo? ¿Dirá usted para sus adentros, 'Ahora es mi oportunidad para hacer que Carlitos sea un desgraciado. Voy a quitarle toda la felicidad, llenando su vida con todas las cosas duras y desagradables que pueda encontrar. Le obligaré a hacer las cosas que más le mortifican y que le son más difíciles de cumplir y le daré toda clase de órdenes imposibles de obedecer?' " "¡Oh, no, no!" exclamó la madre indignada. "Usted sabe que no haría eso. Le estrecharía en mi seno, le cubriría de besos y trataría que su vida fuese lo más agradable posible." "Y, ¿es usted una madre más tierna y amorosa que Dios?" le interrogó su amiga. "¡Ah, no!" fué la respuesta, "veo mi error y ya no tendré más temor de decir: 'Hágase tu voluntad' a mi Padre celestial, que lo que pudiera tener Carlitos al decírmelo a mí."

Mucho mejor y más apetecible que la salud o dinero, fama, comodidades o propiedades, es la adorable voluntad de nuestro Dios. Ilumina las horas obscuras con un nimbo divino y envía luminosos rayos sobre el más lóbrego sendero. Por cierto es un grandioso privilegio que está delante de tí, el tomar este primer paso de consagración para participar de esta preciosa sublime vida escondida con Cristo en Dios. Te ruego que no lo mires como un imposible, o como una demanda exigente y severa. Debes hacerlo con placer, prontitud y entusiasmo. Haz esta consagración como un privilegio que se te ha concedido y no como un deber: y puedo asegurarte por el testimonio universal de aquellos que lo han

42

hecho, comprobarás que es la condición más feliz de la vida.

Después del primer paso, es decir, el rendimiento o consagración, viene la fe. Esta es absolutamente necesaria para recibir cualquier favor divino. Aunque nuestros mejores amigos nos regalen alguna cosa, no es en realidad nuestra, hasta que creamos que nos ha sido dada. Mucho más real es esto, cuando implica los dones intelectuales y espirituales. Podemos ser amados entrañablemente por algunas personas, pero esto no llegará a sernos una realidad hasta que nosotros lo creamos.

La mayor parte de los cristianos entienden perfectamente bien este principio, en cuanto al perdón de nuestros pecados. Saben muy bien que aunque les hubiera sido predicado por años el perdón de sus pecados mediante nuestro Señor Jesucristo, nunca hubieran llegado a obtenerlo si no lo hubieran pedido y creído que lo recibían. Sin embargo, cuando están en la vida cristiana pierden de vista este principio y piensan que habiendo sido salvos por la fe, ahora tienen que vivir por obras y esfuerzos y en lugar de seguir recibiendo quieren comenzar a obrar. Para ellos, nuestras declaraciones en cuanto a cómo andar en esta vida escondida con Cristo en Dios, es decir por la fe, son algo incomprensibles; aunque sin embargo, está declarado que "como recibimos a Cristo Jesús, así andamos en El" (Colosenses 2:6). Recibimos al Señor por la fe y sólo por la fe y, por lo tanto, debemos andar por la fe. Y ésta que nos ha trasladado del reino de tinieblas al del amado Hijo de Dios, es la misma que nos servirá para entrar en esta sublime vida. Cuando nos entregamos al Señor creímos que El nos salvó de la condenación merecida por el pecado y esto nos fué hecho de acuerdo con nuestra fe; pues ahora debemos creer en El como Salvador del poder del pecado y según nuestra fe nos será hecho. Entonces confiamos en que El nos perdonaba y lo recibimos, ahora confiemos en El para justicia y nos será dada. Hemos confiado en el Salvador por las penas futuras del pecado, ahora la recibimos como el Salvador presente de su esclavitud. Entonces era y es nuestro Redentor; ahora puede ser más, debe ser nuestra vida. Entonces nos levantó del abismo, ahora "nos hace sentar consigo en lugares celestiales."

Por supuesto me refiero a esto, práctica y experimentalmente. Teológica y judicialmente, sé que cada creyente recibe todas las cosas, tan pronto como se convierte; pero experimentalmente, nada es suyo hasta que por la fe lo reclame. "Todo lugar que pisare la planta de vuestro pie será vuestro" (Deuteronomio 11: 24). "El cual nos bendijo con toda bendición espiritual en lugares celestiales en Cristo" (Efesios 1:3), pero hasta que nos asentemos sobre estas promesas no serán nuestras, pues la regla es, "según nuestra fe."

Pero esta fe de la cual hablo, debe ser una fe presente. La fe que se ejercita para el futuro, nada puede lograr. Un hombre puede creer que sus pecados serán perdonados algún día y nunca hallar paz. Tiene que creer "ahora;" y por una fe presente decir: "mis pecados me son perdonados ahora," antes que su alma logre hallar descanso. Y similarmente, si la fe mira a una futura libertad del poder del pecado, no podrá llevar al alma a la experiencia de la cual he escrito. El enemigo de nuestras almas se deleita en una fe futura, porque sabe que es impotente para obtener algo de Dios; pero tiembla y huye cuando un creyente se atreve a reconocerse libre de su poder.

Quizá no haya expresión con un significado más grande que la siguiente, que os ruego repitáis en vuestros corazones, poniendo énfasis en cada una de las palabras en mayúsculas:

44

JESUS me salva ahora. (El lo hace).

Jesús ME SALVA ahora. (Yo soy la persona salvada).

Jesús me SALVA ahora. (Su obra es salvar).

Jesús me salva AHORA. (En este momento).

Recapitulemos entonces. Para entrar en esta vida de descanso y de victoria, hay que tomar dos pasos; primeramente, un rendimiento absoluto al Señor; y segundo, una fe absoluta en El. No importa cuán complicada sea tu experiencia peculiar, ni tampoco tus dificultades o tu medio ambiente, o tu temperamento particular, estos dos pasos definidamente tomados y con persistencia en ellos, te traerán tarde o temprano a los verdes pastos y aguas de reposo de esta vida escondida con Cristo en Dios. Puedes estar bien seguro de esto. Si haces a un lado cualquier consideración y simplemente prestas atención a estos dos puntos y los tienes en cuenta con claridad, progresarás con rapidez espiritual mucho mejor de lo que puedes imaginar.

¿Repetiré estos pasos para que no puedas errar? Eres un hijo de Dios y tu mayor placer es servirle. Amas a tu divino Maestro y te aflijes por el pecado que le agrava. Anhelas ser librado de su poder. Todo lo que has probado para proporcionarte esta liberación, ha sido un fracaso, y ahora en tu afán por lograrlo, te preguntas si lo que dice esa gente tan feliz acerca de tal liberación será una realidad. Creo que en lo íntimo de tu ser crees que es así y que El vino precisamente para librarte de todos tus enemigos. Entonces confía en El. Encomiéndale tu caso sin reserva alguna y cree que El te toma a su cargo. En seguida pídele que te salve ahora. Y, justamente como creíste al principio por su declaración que El te perdonaba la pena merecida por tus pecados, cree también ahora que te libra de su poder pues El también lo ha dicho. Haz que tu fe se posesione en este momento de un nuevo poder en Cristo. Confiaste en El como tu Salvador que murió para tu salvación, confía ahora en El, como tu Salvador que vive eternamente y que está dispuesto a tu favor. El vino, tanto para salvarte de la muerte eterna, como del cautiverio presente. Y así como vino para llevar tus heridas en la cruz, vino también para vivir tu vida. Eres tan impotente en un caso como en el otro. Por tus propias fuerzas, te era tan imposible desligarte de tus pecados anteriormente como ahora lo es vivir una vida práctica y de justicia. Cristo y sólo Cristo puede hacer ambas cosas. Por lo tanto tu parte en los dos casos es permitir que El lo haga y entonces creer que El lo hace.

Una señora, ahora muy eminente en esta vida de fe, antes de haber conocido tan bendita experiencia, le dijo a una amiga que trataba de ayudarle enseñándole: "Ustedes dicen, 'Ríndete y confía,' pero yo no veo cómo hacerlo. Desearía que ustedes lo hicieran en voz alta para que yo pudiera comprenderlo." ¿Quiere usted que yo lo haga?

"Señor Jesús, sé que es tu voluntad y que Tú eres poderoso para librarme de toda ansiedad, inquietud y esclavitud de mi vida cristiana. Creo que diste tu vida en cruenta cruz, no sólo para salvarme en el futuro, sino ahora y aquí. Creo que tú eres más fuerte que el pecado, y que aun en el extremo de mis flaquezas, puedes guardarme de caer en las tentaciones y ceder a sus mandatos. Señor, confío que tú me guardas. Traté de hacerlo y he fracasado tristemente. No tengo esperanzas de mí misma, así que ahora confiaré en tí. Me entrego completamente a tí. Nada quiero reservarme. Mi cuerpo, alma y espíritu, los presento como una masa de barro, para ser transformada en el objeto que en tu amor y sabiduría escojas. Ahora soy tuya; y creo que tú me aceptas y te posesionas de este pobre, débil y cuitado corazón y que desde este mismo instante, empiezas a obrar en mí, el querer y el hacer de tu buena

46

voluntad. Confío en tí absolutamente y desde ahora."

En una ocasión, un hombre, por causa de su trabajo tuvo que descender a un pozo hondo por medio de una soga fija, suponiendo que ésta era bastante larga. Pero cuál sería su desesperación, al notar que la soga se terminaba y sus pies no tocaban el fondo. Subir otra vez, no podía y no quería soltarse, pues esperaba que la muerte le aguardaba al caer. ¿Qué hacer? Se sostuvo hasta que quedó exhausto de fuerzas arrojándose por fin a lo que creía la muerte, pero cual sería su sorpresa cuando al caer encontró que el fondo sólo distaba a siete u ocho centímetros de sus pies.

¿Teméis dar este paso? ¿Te parece dar un salto repentino en las tinieblas? ¿No sabes tú que el paso de fe siempre cae "en lo que parece vacío" para hallar como fondo una sólida roca? Si deseas entrar en el territorio que fluye leche y miel, tarde o temprano tienes que dar el paso de fe porque no hay otra manera de poder penetrar en él. Hazlo ahora y salvarás los contratiempos y tristezas de meses y quizá de años. Escucha la voz del Señor que te dice: "Mira que te mando que te esfuerces y seas valiente, no temas ni desmayes, porque Jehová tu Dios será contigo en donde quiera que fueres" (Josué 1:9).

Capítulo 5

Dificultades Concernientes a la Consagración

Es de suma importancia que los cristianos no ignoren las tentaciones que siempre están listas para presentarse a cada paso que damos adelante en la vida cristiana, las cuales parece que estuvieran alertas y listas a la actividad, cuando el alma despierta hambrienta y sedienta de justicia y comienza a buscar la plenitud que es nuestra en Cristo Jesús.

Una de las mayores tentaciones es la que concierne a la consagración. Le dicen al creyente que busca la santidad, que se consagre a Dios y procura hacerlo. Pero en seguida choca con una dificultad. Se ha consagrado hasta donde su conocimiento le indica y, sin embargo, no encuentra cambio en su experiencia; parece que nada ha cambiado, no ha hallado lo que había esperado y está completamente confundido e interroga con anhelo; ¿cómo puedo saber cuando estoy consagrado? La cuestión de las emociones es la principal tentación que asalta al alma en esos instantes. Parece difícil creer que la consagración está hecha mientras uno no lo siente y, porque no sentimos que Dios nos ha tomado en sus manos, no podemos creer que El lo ha hecho. Como de costumbre, ponemos primero el sentir, luego la fe y por fin el hecho. Pero la regla invariable de Dios, es, primero el hecho, segundo la fe, y las emociones como la última cosa. De manera que cuando tratamos de invertir el orden entablamos una recia lucha con lo imposible.

Entonces la mejor manera de confrontar y vencer esta tentación es simplemente tomar la parte de Dios y aceptar su orden, dando el primer lugar a la fe, luego a los sentimientos. Entrégate al Señor definitiva y completamente de acuerdo con la luz que tienes, pidiendo al Espíritu Santo que te muestre cualquier cosa que le sea contraria, tanto en tu corazón como en tu vida. Si El te enseñara algo ríndelo completamente al Señor, diciéndole: "Sea hecha tu voluntad." Si no te llamare la atención en cosa alguna, debes creer que todo está bien y tener por conclusión que todo está en sus manos. Entonces reconoce el hecho que desde el momento en que te consagraste al Señor, El te ha aceptado y en el mismo instante, haz que tu fe se posesione de la realidad. Cree con persistencia que El ha tomado lo que tú le has entregado. No debes esperar emociones para corroborar tu rendimiento y que tu consagración ha sido aceptada. Simplemente debes creer y dar el asunto por contado. Si eres firme en su reconocimiento, tarde o temprano, el sentir vendrá y sabrás que es un hecho bendito, que perteneces al Señor.

Si tú obsequiaras con una propiedad a alguno de tus amigos, tendrías que dársela y él tendría que recibirla por la fe. Una propiedad no es una cosa que puede levantarse y entregarla a otros. Se obsequia y se recibe por la palabra y luego por escrito; en nuestro lenguaje, por la fe. Ahora bien, si has obsequiado la propiedad y luego sales y dudas de si tu regalo ha sido real: si él verazmente lo ha aceptado, sentirás la necesidad de renovar el regalo: y si esto sucediera una tercera vez y luego una cuarta, y día tras día por meses y años, ¿qué pensaría tu amigo de tí? ¿Y en qué condición se hallaría tu propia mente? El comenzaría a dudar de si en realidad tuviste la intención de regalarle la propiedad y tú mismo te hallarías en una condición mental tan perpleja que no podrías decir con certeza, a quién pertenece la casa.

¿No es esto semejante al modo en que tú has estado tratando con Dios en cuanto a la consagración? Te has entregado diariamente al Señor, quizá por meses; pero invariablemente has estado dudando la realidad de tu consagración y la aceptación de Dios; y como no has sentido ningún cambio, has decidido después de una penosa turbación que la consagración no había sido efectuada. ¿Y no sabes, amado hermano, que tu perplejidad persistirá a menos de que tú mismo le pongas fin por la fe? Tienes que llegar al punto de reconocer que el asunto está arreglado y dejarlo como tal, antes que puedas experimentar cambio de sentimiento.

La ley levítica de las ofrendas al Señor, establece como una verdad fundamental, que cada cosa que se le ha entregado es suya, algo santo, apartado de todas las demás cosas y que no puede utilizarse en otra manera sin cometer sacrilegio. "Pero ninguna cosa consagrada, que alguno hubiera consagrado a Jehová de todo lo que tuviera de hombres y animales y de las tierras de su posesión, no se venderá, ni se redimirá; todo lo consagrado será cosa santísima a Jehová" (Levítico 27:28). Desde el momento que una cosa se había consagrado a Jehová, todo Israel la reconocía como posesión divina, de manera que nadie se atrevía a tocarla. Pudiera haber sucedido que la persona que había hecho la ofrenda, la hubiera entregado de mala voluntad, pero ya no estaba en sus manos y por la ley era reconocida como cosa santa a Jehová. La ofrenda no era santificada por la disposición del que la entregaba, sino por la santidad del Divino Recibidor.

"El altar santifica la ofrenda;" y desde el instante en que un presente se había puesto sobre el altar, pertenecía al Señor. Imaginemos que una persona hubiera llevado su don al altar y luego hubiera dudado de su sinceridad al hacerlo y que volviendo al sacerdote le expresara sus temores. Estoy segura que el sacerdote le hubiera hecho callar al instante, diciéndole: "En cuanto a cómo dió usted la ofrenda, o qué motivos le impulsaron a hacerlo, no sé; lo que puedo decirle es que ya la ofrenda pertenece al Señor; porque todo lo consagrado es cosa santísima a Jehová. Ahora es demasiado tarde para deshacerlo." Y no solamente el sacerdote, sino todo Israel, se hubiera opuesto con horror a un hombre que quisiera retirar una ofrenda ya consagrada. Y no obstante, diariamente, cristianos piadosos, sin pensar en lo que están haciendo, ni en el sacrilegio que cometen, son culpables de actos similares en su experiencia espiritual; se han entregado al Señor en solemne consagración y luego por su incredulidad retíranse del altar.

Para ellos es una dificultad creer que la transacción efectuada es real, porque Dios no está visiblemente presente. Yo creo que si cuando hacemos nuestra consagración, Dios estuviera visible a nuestro lado, sentiríamos que fué un hecho real y que habiéndole dado nuestra palabra, no nos atreveríamos a retirarla, aunque quisiéramos hacerlo. Una consagración de esta clase tendría para nosotros el valor de un convenio hecho por un hombre de honor a otro. Lo que necesitamos entonces, es reconocer que la presencia de Dios es un hecho real siempre y que cada uno de nuestros actos esté efectuado en su presencia y que cada palabra de nuestra oración realmente la hablamos a El, tan cierto como si nuestros ojos lo vieran y nuestras manos pudieran palparle. Entonces sí, que dejaríamos de tener conceptos tan vagos de nuestras relaciones con El y sentiríamos de veras el valor de cada palabra dicha en su presencia.

Sé que algunos van a decirme: "Ah, sí, pero si El

me hablara y me dijera que me ha aceptado, no tendría dificultad alguna en creerlo." No, por supuesto que no. ¿Pero dónde está entonces el lugar para la fe? Ver, no es fe; el oir no es fe, ni tampoco lo es el palpar; pero creer cuando no vemos, ni oímos, ni sentimos, eso es fe. Y por todas partes las Escrituras nos dicen que toda nuestra salvación es por la fe. Por lo tanto debemos creer antes de sentir y a menudo contra nuestros sentimientos si queremos honrar a Dios por nuestra fe. La persona que cree, siempre es la que tiene el testimonio; pero nunca sucederá esto con la que duda. ¿Pero cómo podemos dudar, si El mismo nos ordena el presentarnos como un sacrificio vivo, comprometiéndose así a aceptarnos? No puedo pensar cómo un hombre de honor podría pedir alguna cosa a otro si después no estuviera dispuesto a aceptar; y si no puedo imaginar tal cosa, mucho menos a un padre amoroso, conduciéndose así con el hijo que ama. "Hijo mío, dame tu corazón," es una petición y al mismo tiempo una garantía de que será aceptado por Aquel que hace la invitación. Por esa razón, es que podemos estar seguros de que desde que nos hemos entregado completamente al Señor conforme a su mandamiento, somos suyos. Ha sido efectuada una verdadera transacción que no puede ser violada sin deshonra por nuestra parte, porque El es fiel y sabemos que El nunca lo hará.

En el capítulo 26 versos 17-19 del libro de Deuteronomio tenemos una expresión de la manera en que Dios obra en tales circunstancias. "A Jehová has ensalzado hoy para que te sea por Dios y para andar en sus caminos y para guardar sus estatutos y sus mandamientos y sus derechos y para oir su voz: y Jehová te ha ensalzado hoy para que seas su pueblo peculiar, como El te ha dicho, y para que guardes todos sus mandamientos . . . . y para que seas pueblo santo a Jehová tu Dios como El ha dicho."

Cuando aceptamos y reconocemos al Señor como nuestro Dios y tomamos la decisión de andar en sus caminos y guardar todos sus mandamientos, El nos reconoce como suyos y sabe que guardamos sus preceptos. Y desde entonces, El se posesiona de nuestro ser. Este ha sido y será siempre el principio fundamental. "Toda cosa consagrada será cosa santísima a Jehová." Me parece que esto es tan claro que no dará lugar a dudas.

Por si alguna persona todavía dudara y tuviera dificultades, permitidme referir una declaración del Nuevo Testamento para confirmar el asunto. La hallaremos en 1 Juan 5:14-15, que reza así: "Y esta es la confianza que tenemos en El, que si demandáremos alguna cosa conforme a su voluntad, El nos oye. Y si sabemos que El nos oye . . . . sabemos que tenemos las peticiones que le hubiéremos demandado." ¿Te has rendido al Señor de acuerdo con su voluntad? Sabemos que lo es porque El lo ha mandado. ¿Acaso no es su voluntad el querer obrar en tí el querer y el hacer de su beneplácito? A esto sólo tenemos una respuesta que es bastante clara: El lo demanda y ha declarado que es su propósito.

Sabiendo que estas cosas están de acuerdo con su voluntad, estás obligado a creer que El escucha tu oración. Y aun más sabiendo todo esto debes consentir y reconocer que tienes lo que le has pedido. Que tú tienes, repito, no que tendrás, o puedas tener, pero que lo posees ahora. Así nos apropiamos de "sus promesas," por la fe. Así es que "tenemos acceso a las promesas de Dios, por la fe en nuestro Señor Jesucristo." Sólo así, podemos tener nuestros corazones purificados y seremos capaces de vivir, estar firmes y andar por la fe.

Deseo hacer esto tan claro y práctico que ninguno tenga más dificultades sobre el asunto; repitiendo lo que debemos hacer para que todas las dificultades en cuanto a la consagración, queden completamente disipadas.

Supongo que has confiado que el Señor ha perdonado todos tus pecados y que perteneces a la familia de los hijos de Dios y que eres un heredero de Dios mediante la fe en nuestro Señor Jesucristo. Sientes en lo profundo de tu ser la necesidad de ser conformado a su imagen; sabes que tienes que hacer una consagración de todo tu ser al Señor, para que El obre en tí su voluntad. Has tratado de efectuarlo una y otra vez, pero sin resultados. Precisamente es aquí donde anhelo ayudarte. Vé una sola vez al Señor con un rendimiento de tu voluntad tan completo como puedas hacerlo. Pídele que por su Espíritu, te revele cualquier cosa que le sea contraria.

Si nada te indicare es porque tu consagración es completa. Debes considerarlo como asunto arreglado. Te has consagrado completamente al Señor y desde ya no te perteneces a tí mismo, ni aun debes atender sugestiones contrarias. Si nuevamente viniera la tentación en cuanto a la veracidad de tu consagración, dí, "Sí, lo he hecho," y no comiences a discutirla, ni a atender sus argumentos. Desecha tales pensamientos instantáneamente y con decisión. Lo has hecho, lo sigues sosteniendo y en verdad lo has efectuado. Tus emociones pueden luchar contra tu rendimiento, pero tu voluntad debe mantenerlo con firmeza. Lo que Dios mira son tus propósitos y no tus sentimientos y, por lo tanto, lo único que debes cuidar es que tu voluntad permanezca en constante rendimiento.

No debes retractarte jamás, sino creer que Dios te ha aceptado y debes reconocerte como suyo; no que lo serás en el futuro, sino que lo eres ahora y que ha comenzado a obrar en tí su voluntad. Cuando llegues a este punto debes descansar en El. Nada más tienes que hacer, sino ser en adelante un hijo obediente, porque perteneces al Señor y estás completamente en sus manos. El ha tomado cargo de cuidarte y de dirigir tu desarrollo espiritual de acuerdo con su palabra, es decir, que hará El en vosotros, lo que es agradable delante de El por Jesucristo (Hebreos 13:21). Si comienzas a argüir en cuanto a tu rendimiento preguntándote si Dios te ha aceptado, tu fe vacilante impedirá que el Señor obre en tí su voluntad. Pero mientras confías, El obra; y el resultado que obtendrás, será el ser transformado a la imagen de Cristo de gloria en gloria por su Espíritu poderoso.

Entonces, ¿te rindes en este momento completamente al Señor? Responde afirmativamente. Si es así, querido amigo, reconócete como suyo, que te ha aceptado y que obra en tí, el querer y el hacer de su buena voluntad. Persiste en este reconocimiento. Te servirá de ayuda si expresas tu consagración verbalmente y le dices al Señor: "Señor, soy tuyo, me rindo completamente a tí y creo que tú me recibes. Me entrego a tí; haz en mí tu beneplácito porque en tí confío."

Haz esto como un acto diario repitiéndolo durante el día delante del Señor. Confiésaselo. Confiésaselo a tu Señor; a tus amigos. Afirma constantemente que El es tu Dios; y sin vacilar declara tus propósitos de andar en sus caminos y guardar sus mandamientos; y hallarás que tarde o temprano, El te reconocerá como a uno de su pueblo peculiar; te dará fuerzas para cumplir sus estatutos y obrará en tí, para que seas parte de "un pueblo santo al Señor, como El ha dicho."

Capítulo 6

Dificultades Concernientes a la Fe

La fe es el paso siguiente en el progreso del alma, desde el desierto de la vida cristiana, a la tierra que fluye leche y miel. En este como en el primer paso, el alma halla obstáculos y dificultades que vencer.

El hijo de Dios cuyos ojos han sido abiertos, para ver la plenitud que hay para él en Cristo Jesús y cuyo corazón está hambriento por apropiarla, halla que cada maestro enseña que debe ser recibida por la fe. Pero para su mente, el asunto de la fe está envuelto en un misterio tan desesperanzado, que esta aserción, en lugar de arrojarle luz sobre su sendero, lo hace más difícil e incomprensible.

"No hay duda de que es por la fe," dice; porque sé que cada bendición en la vida cristiana, debe ser recibida por la fe. Pero eso es, precisamente, lo que me hace el asunto más difícil, porque no tengo fe; no sé en que consiste, ni cómo tenerla. Y así, impedido desde el principio, por esta dificultad, se sumerge en las tinieblas y casi en el desánimo.

Esta confusión proviene de un mal entendimiento en la mayor parte de los casos, porque nada hay más claro que la fe y también nada más fácil de poner en práctica.

Creo que tu concepto de la fe, es algo parecido a lo que voy a exponer. Has pensado en ella como si

56

fuera "alguna cosa," o alguna práctica religiosa del alma, o una graciosa disposición interna del corazón, algo tangible en hecho, de manera que cuando te has asegurado de ella, puedes regocijarte y usarla como pasaporte para Dios a tu favor, o como un dinero con el cual puedes obtener sus dones. Y has estado orando para que Dios te concediera fe, esperando recibir algo semejante a lo dicho anteriormente; y como nunca recibiste tal cosa, persistes en que no tienes fe. Ahora bien, la fe no es nada parecida a la idea que tú te has forjado de ella. No es absolutamente nada tangible, simplemente es creer a Dios; viéndolo de este modo, nada hay que la aparte de su objeto.

De la misma manera que puedes cerrar los ojos y mirar hacia adentro para saber si posees la vista, puedes mirar interiormente para saber si tienes fe. Porque así como la vista, sólo consiste en creer. Al ver las cosas del mundo que te rodea, entiendes que tienes la vista, y al creer lo que Dios te dice, puedes entender que tienes fe. Y como la única cosa necesaria para la vista es ver las cosas exactamente tal cual son, la única cosa necesaria en la fe es creer lo que se nos dice tal cual es. La virtud no descansa en tu creencia, sino en Aquel en que la has depositado. Si crees a la verdad, eres salvo, mas si crees a la mentira, estás perdido. El acto de creer, es en ambos casos el mismo; las cosas en las cuales uno puede depositar su fe, son exactamente opuestas; aquí es donde estriba la poderosa diferencia. No eres salvo porque tu fe lo efectúe, sino porque tu fe te une al Salvador que lo hace; tu creencia no es mas que el eslabón que te une con El.

Te suplico entonces, que reconozcas la simplicidad extrema de lo que en realidad es la fe. Claramente, no es más que creer que Dios hará lo que ha prometido a nuestro favor, es decir, confiar en que El cumplirá su palabra. Tan simple es esto, que se hace difícil el explicarlo. Si alguno me pregunta, qué es confiar en una persona a quien se le ha encomendado alguna obra, sólo puedo responderle que es encargarle el trabajo y dejarlo en sus manos, sin preocupaciones ni ansiedades. Todos nosotros, en muchas ocasiones, hemos confiado a otros, negocios más o menos importantes y nos hemos quedado tranquilos por la confianza que teníamos en las personas a quienes habíamos encargado el asunto. ¡Con cuánta frecuencia las madres confían sus hijos preciosos, al cuidado de las nodrizas y no tienen ni una sombra de ansiedad! Continuamente confiamos nuestra salud y nuestras vidas, sin la más leve nube de temor, a cocineros, cocheros, maquinistas, conductores de trenes y, toda clase de servidores pagados, quienes nos tienen completamente en su poder y los cuales si quisieran o si se descuidaran un solo instante, nos arrojarían a la miseria o la muerte en pocos instantes. Y todo esto lo hacemos sin objetar. Muy a menudo, con el menor conocimiento que hayamos adquirido de la gente, depositamos en ellos nuestra confianza, requiriendo tan sólo el conocimiento que tenemos de los sentimientos de la humanidad y de las reglas del trato social como base de nuestra fe en ellos; no obstante, jamás nos sentimos como si hubiéramos efectuado algo extraordinario.

Tú mismo has hecho así, querido lector, y continuamente sigues haciéndolo. No podrías continuar viviendo la acostumbrada rutina de la vida, si no tuvieras confianza. Jamás piensas en que no puedes tenerla. ¡Y sin embargo, no vacilas en decir continuamente que no puedes confiar en tu Dios! Y lo haces disculpándote con la excusa de que eres una "pobre alma débil y sin fe."

Desearía que trataras de imaginarte, actuando con tus relaciones humanas, en la misma forma que lo haces con las espirituales. Suponte, que mañana comenzaras

58

con la idea de no poder confiar en nadie, porque no tienes fe. Cuando te sientas para desayunar, dirás: "No puedo comer nada de lo que hay en esta mesa, porque no tengo fe y no puedo creer que la cocinera no ha puesto veneno en el café, o que el carnicero no me haya enviado carne enferma," y así tendrás que salir sin haber satisfecho tu apetito. Cuando vayas a tus ocupaciones diarias, dirás: "Yo no puedo viajar en tren, porque no tengo fe, y, por la misma razón no puedo confiar en el maquinista, ni en el conductor, ni en los que hicieron los coches, ni en los administradores del camino. Y te verás obligado a caminar por todas partes, y, con todos tus esfuerzos, no lograrás recorrer todo lo que hubieras podido hacer en el tren. Cuando se te presenten tus amigos con algunos informes, o tu agente de negocios con algunas cuentas, dirás: "Siento mucho que no puedo creerle, pero yo no tengo fe, no puedo creer a ninguno." Cuando abras un diario, tendrás que dejarlo a un lado, diciendo: "Realmente, no puedo creer ni una palabra de lo que este diario dice, porque no tengo fe, no creo que haya tal persona como la reina, porque nunca la he visto, ni tampoco que exista tal país como Irlanda, porque nunca estuve allí. No tengo fe, así que, por consiguiente, no puedo creer nada que no haya sentido o palpado. Es una lástima, pero nada puedo hacer porque no tengo fe."

Un día como el que imaginábamos, ¿cuántos desastres te ocasionaría y cómo aparecerías delante de aquellos que te aguardan para cada cosa? Date cuenta cómo se sentirían de insultados tus amigos; y tus sirvientes, no querrían serlo ni un día más. Y ahora, hazte esta pregunta: "Si esta falta de fe en el prójimo sería de tan terribles consecuencias, y una extravagancia tan grande, ¿cuánto mayor debe ser cuando le dices a Dios que no tienes fe para confiar en El, ni para creer su Palabra, que es una lástima pero no puedes remediarlo porque no tienes fe?"

¿Es posible que puedas confiar en los hombres y no en Dios, que "recibas el testimonio de los hombres" y que no puedas recibir "el testimonio de Dios?" ¿Qué puedes confiar tus más caros intereses, sin ningún temor, a tu débil prójimo y temes encomendar tus intereses espirituales al Salvador que dió su vida por tí y de quien está declarado, "que es poderoso para salvar hasta lo sumo a los que por El se allegan a Dios?"

Ciertamente, amado creyente cuyo solo nombre implica que puedes creer, jamás podrás disculparte con la excusa de no poder tener fe. Porque cuando dices esto, quieres decir por consiguiente, que no tienes fe en Dios, por cuanto no has podido tener fe en tí mismo. Entonces sí que estarás en una condición muy triste. Te ruego que cuando pienses o digas estas cosas, siempre completes la oración y digas: "¡Yo no tengo fe . . . . en Dios! ¡Yo no puedo creer en Dios!" Estoy segura que esto te llegará a ser tan terrible, que no querrás continuarlo.

Pero, dices, yo no puedo creer sin el Espíritu Santo. Muy bien, ¿llegarás entonces a la conclusión que tu falta de fe, es ocasionada por el fracaso del Espíritu Santo en hacer su obra? Si es así, tú no eres culpable, y no necesitas sentir condenación y todas las exhortaciones para que creas son inútiles.

¡Pero, no! ¿No ves que tomando esa actitud, diciendo que no tienes fe y que no puedes creer, no sólo "hacer a Dios mentiroso," sino que también muestras una falta total de confianza en el Espíritu Santo?

Porque El está siempre listo para ayudarnos en nuestras flaquezas. Nunca tenemos que esperarle, El nos espera a nosotros. Por mi parte, tengo una confianza tal en el Espíritu Santo y en su disposición siempre pronta para ayudarnos y efectuar su obra, que me aventuro a deciros a cada uno de vosotros, que podéis creer ahora, en este mismo instante; y que si no lo hacéis, no es la falta del Espíritu, sino vuestra. Pon tu voluntad en la parte de creer. Dí: "Señor, yo creeré, yo creo," y continúa diciéndolo. Persiste en la fe, aun cuando cualquier duda se presente. Lejos de toda incredulidad, descansa en las promesas de Dios y abandónate al poder salvador y guardador del Señor Jesús. Si alguna vez has confiado algún interés precioso en las manos de algún amigo terrenal, te ruego que ahora confíes tus intereses espirituales en las manos de tu Amigo celestial; y nunca, nunca, te pongas a dudar.

Recuerda siempre que, como hay dos cosas tan enormemente incompatibles como el aceite y el agua, así son el confiar y el ansiar. ¿Podrías llamar **confiar**, al haber entregado un trabajo para que algún amigo lo haga, y que entonces tú pasaras los días y las noches en ansiedad e inquietud, por si llegara a ser hecho correctamente y con éxito? ¿Y puedes llamarle **confiar** cuando te has entregado al poder salvador y guardador del Señor Jesús, y, día tras día y noche tras noche, pasas las horas en pensamientos y preguntas ansiosas e inquietas? Cuando algún creyente realmente confía por alguna cosa, cesa de afligirse por aquello que confía. Y cuando él se afana, es una prueba clara que no ha depositado su confianza en el Señor.

A la faz de esta regla, ¡cuán poca es la confianza que hay en la iglesia de Cristo! No en vano nuestro Salvador hizo esta patética pregunta: "Cuando el Hijo del Hombre viniere, ¿hallará fe en la tierra?" El encontrará llenos de trabajos, una gran porción de formalidad y duda, muchos corazones consagrados; ¿pero hallará fe, que es lo que El evalúa más que cualquier otra cosa? Cada hijo de Dios, en su propio caso, puede contestar a esta pregunta. ¿Será en algunos de nosotros un triste "no?" Haz que ésta sea la última vez que respondas negativamente; y, si has conocido algo de la integridad de nuestro Señor, que de aquí en adelante sea tu sello, que El es fiel, por un generoso atrevimiento de tu confianza en El.

Recuerdo que a principio de mi vida cristiana, habiendo sido conmovidos todos los impulsos leales y tiernos de mi corazón por cierta súplica, encontré un volumen de sermones antiguos, dirigidos a todos los que aman al Señor Jesús, para que ellos mostraran a otros, cuán acreedor es El, de nuestra confianza. Tan pronto como leí palabras tan inspiradoras, vínome un súbito vislumbre del privilegio y la gloria de ser llamados a andar por caminos tan obscuros, que sólo una confianza temeraria hace posible.

"Nunca habéis pasado antes por este camino," es posible, pero es tu bendito privilegio probar hoy como nunca antes, tu confianza leal en el Señor Jesús, al comenzar a su lado una vida y andar de fe, vivida momento por momento en absoluta e infantil confianza en El.

Le has confiado a El unas pocas cosas, y verás si no excede abundantemente en todo, más de lo que has pensado, no de acuerdo con tu poder o capacidad, sino de acuerdo con Su grandioso poder obrando en tí, el placer de su bendita voluntad.

Encuentras que no es difícil confiar el gobierno del universo y de toda la creación al Señor; ¿es acaso tu asunto más difícil y complejo que éste, de tal manera que necesites estar ansioso y turbado por la forma en que El te dirigirá? ¡Fuera, pues, con dudas tan indignas! Afírmate en el poder de la integridad de tu Dios y verás cuán pronto todas las dificultades se desvanecerán ante una determinación resuelta de creer. Confía en la obscuridad, confía en la luz, confía en la noche, confía en la mañana, y hallarás que la fe, que comenzó por un esfuerzo poderoso, llegará a ser un hábito natural y fácil del alma. Es una ley de la vida espiritual, que cada acto de fe, hace que el siguiente sea menos difícil; y si persistimos, la confianza llegará a sernos como la respiración, un acto natural del alma redimida.

Por lo tanto debes poner tu voluntad en tu creencia. Tu fe no debe ser como una imbecilidad pasiva, sino como una energía activa. Quizá tengas que creer contra lo que ves, no importa. Afirma tu rostro como un pedernal, para decir: "Creeré y sé que no seré confundido." Somos hechos participantes de Cristo, si conservamos constantes hasta el fin, el principio de nuestra fe. Centenares fracasan aquí. Tienen algún principio de fe, pero viene el desánimo, las "apariencias" son todas en contra, la duda clama más y más fuerte y, por fin, le dan lugar; y cuando la duda viene a la puerta, la confianza escapa por la ventana.

Se nos ha dicho que todas las cosas son posibles para Dios y que todo es también factible para el que cree. En tiempos pasados, la fe ha "ganado reinos, obrado justicia, alcanzado promesas, tapado las bocas de los leones, apagado fuegos impetuosos, evitado filos de cuchillos, hecho convalescer de enfermedades, hecho fuertes para la batalla, trastornado campos de extraños" (Hebreos 11:33-34), y la fe puede hacerlo otra vez, porque nuestro Señor nos dice: "Si tuviereis fe, como un grano de mostaza, diréis a este monte, pásate allá, y será hecho, y nada os será imposible."

Si en todo eres un hijo de Dios, debes tener por lo menos tanta fe como un grano de mostaza y, por lo tanto, no osarás decir otra vez, "que no puedes confiar porque no tienes fe." Dí en lugar, "puedo confiar en mi Señor y confiaré en El y ni todos los poderes de la tierra ni del infierno, podrán hacerme dudar de mi maravilloso, glorioso y fiel Redentor."

Haz entonces que tu fe "extienda sus brazos a todo lo que Dios te ha dicho," y en las horas obscuras, recuerda que, "estando al presente un poco de tiempo afligidos en diversas tentaciones, si es necesario," sólo es semejante a viajar por un túnel. El sol no ha dejado de brillar porque el viajero no lo vea; y el Sol de Justicia brillará todavía aunque en tu obscuro túnel, tú no le distingas. Sé paciente, confiado y espera. Este tiempo de obscuridad, sólo es permitido, "para que la prueba de vuestra fe, mucho más preciosa que el oro el cual perece, bien que sea probado con fuego, sea hallada en alabanza, gloria y honra, cuando Jesucristo fuese manifestado" (1 de Pedro 1:7).

Capítulo 7

Dificultades Concernientes a la Voluntad

Cuando el hijo de Dios, por una entera consagración y absoluta confianza, ha salido de sí mismo hacia Cristo, y ha comenzado a conocer algo de las bendiciones de la vida escondida con Cristo en Dios, hay una forma de dificultad, que se levanta precipitadamente en su camino. Pasadas las primeras emociones de paz y descanso, si algo se ha calmado, o si como sucede a veces, parece que nunca se hubiera llegado a tal bendición, uno comienza a sentir algo, como si todo lo pasado fuera una completa imaginación; uno se siente como si fuera un hipócrita cuando habla o piensa en tal realidad. Piensa que su creencia no pasa de la superficie, que es una mera palabrería, y que, por lo tanto, no le trae cuenta; que su rendimiento no es de corazón, y que, por lo tanto no es aceptable al Señor. Teme decir que es completamente de Cristo, por temor de que no sea la verdad; y no se atreve a decir que no lo es, porque intensamente desea serlo. La dificultad es real y muy descorazonadora.

Pero, nada hay en ella que no pueda ser fácilmente vencido, cuando el cristiano comprende a fondo los privilegios de la nueva vida y ha aprendido cómo vivirla. La creencia común es que esta vida escondida con Cristo en Dios, ha de ser vivida en emociones; y consecuentemente, el alma se halla dirigida hacia ellas; y según sean satisfactorias o no, el alma descansa o se conturba. Ahora bien, la realidad es que esta vida no es llevada absolutamente en emociones, sino en la voluntad; y por lo tanto, si ésta se mantiene decididamente en su centro: la voluntad de Dios, los diversos estados de emoción no perturbarán ni afectarán la realidad de la vida.

Para aclarar esto, debo ampliarlo algo. Fenelón dice en cierto lugar, que "la religión pura sólo reside en la voluntad." Quiere decir por esto que, como la voluntad es el poder que gobierna la naturaleza humana, si está correctamente asentada, todo el resto de la naturaleza debe estar en armonía. Por la voluntad, no me refiero solamente a los deseos del hombre, o a sus intenciones, sino a su albedrío, el poder de decidir; el rey, al cual todo el resto del hombre debe rendirle obediencia. Eso es el hombre, en una palabra el "EGO," que sentimos somos nosotros mismos.

Muchas veces se piensa que las emociones son el poder que gobierna nuestra naturaleza. Pero creo que todos sabemos como asunto de experiencia práctica, que hay algo en nosotros, detrás de nuestras emociones y deseos; una existencia independiente que, después de todo, decide y controla cada cosa. Nuestras emociones nos pertenecen, y sufren o se regocijan por nosotros, pero no somos nosotros; y si Dios va a posesionarse de nosotros, debe ser en nuestra voluntad central o personalidad, donde El ha de entrar. Entonces si El está reinando allí, por el poder de su Espíritu, todo el resto de nuestra naturaleza estará bajo su dominio y tal como la voluntad, así es el hombre. El sentido práctico de esta verdad en la dificultad que estoy considerando, es muy grande, porque las decisiones de nuestra voluntad son a menudo directamente opuestas a las decisiones de nuestras emociones, de manera que si tenemos la costumbre de considerarlas como la prueba, nos sentiremos de veras como hipócritas, cuando declaramos ser reales las cosas que sólo nuestra voluntad ha decidido. Pero al momento que vemos que la voluntad es el rey, no haremos caso completamente a ningún sentimiento opuesto que clame como si fuera su decisión real, aunque se rebelen las emociones cuanto quieran.

Estoy enterada que este asunto es una dificultad con la cual hay que contender, pero su sentido en la vida de fe es tan práctico, que yo te suplico, querido lector, no te vuelvas de ella hasta que la hayas vencido.

Quizá te ayude una ilustración al efecto. Un joven muy inteligente, procurando entrar en esta nueva vida, estaba muy desanimado por ser esclavo del hábito inveterado de dudar. Para sus emociones, nada era verdad, nada era real; y cuanto más luchaba, más incierto le parecía todo. Se le dijo este secreto en cuanto a la voluntad: que si él ponía su voluntad de parte de la fe, y escogía creer, en pocas palabras, si quería en el Ego de su naturaleza, decir, "¡Yo creeré, yo creo!" él no necesitaba estar turbado por sus emociones, porque tarde o temprano éstas armonizarían. "¿Qué?" respondió, "¿usted quiere decirme que yo debo optar por creer en esta manera, cuando nada me parece real? ¿Y esa clase de fe será verdadera?" "Sí, lo será," fué la respuesta. Fenelón dice que la verdadera religión reside solamente en la voluntad. Con esto quiere decir, que siendo la voluntad del ser humano, el hombre mismo, por consiguiente, lo que su voluntad efectúe, él hará. Por lo tanto, tu parte simplemente es poner tu voluntad al lado de la de Dios y creer en su obra, porque El lo dice y no debemos prestar en absoluto la más mínima atención a los sentimientos contradictorios. Tarde o temprano, Dios no faltará en revelarles una fe tal como la descrita.

El joven quedóse silencioso por unos instantes, y

al fin, dijo: "Comprendí, y haré lo que usted me dice; no puedo controlar mis emociones, pero sí mi voluntad; así, la nueva vida comienza a parecerme posible ya que todo lo que se necesita es que mi voluntad se afirme rectamente de parte de la de Dios. ¡Yo puedo rendir al Señor mi voluntad, y lo haré!"

Desde ese momento, haciendo caso omiso a todos los clamores enternecedores de sus sentimientos, los cuales acusábanle continuamente de ser un despreciable hipócrita, se aferró a la decisión de su voluntad, respondiendo a cada acusación, con la aserción continua, que había optado por creer, hasta que al fin de pocos días, hallóse victorioso y que todas sus emociones habían sido sometidas por el poder del Espíritu Santo de Dios habiéndose posesionado de la voluntad así puesta en sus manos. En seguida hizo profesión de su fe sin vacilación, aunque le parecía, que como fe real, nada tenía sobre lo cual apoyarse. En ocasiones, tenía que concentrar todo su poder en los labios, para decir que creía, aun cuando sus sentimientos fueran contrarios. Pero él se había afirmado bien sobre el principio que después de todo su voluntad era él mismo y que si la mantenía al lado de la de Dios, siendo esto todo lo que él podía hacer, El cambiaría y dominaría todas sus emociones. El resultado fué excelente, pues este joven llegó a ser una de las vidas cristianas más grandes que he conocido, por su maravillosa simplicidad, rectitud y poder sobre el pecado.

El secreto descansa justamente en esto: "que nuestra voluntad, móvil de todas nuestras acciones y que en el pasado ha estado bajo el control del pecado y del egoísmo, ha obrado en nosotros todo el placer de nuestros propios designios; pero ahora Dios nos llama a rendirle la voluntad como un sacrificio vivo para posesionarse de ésta y obrar en nosotros "lo que es agradable a su vista, por Cristo Jesús," dándonos la mente de Cristo y conformándonos a su imagen. (Véase Romanos 12:1-2).

Tomemos otra ilustración. Una señora que había entrado en esta vida escondida con Cristo en Dios, tuvo que confrontar una gran prueba anticipada. Cada sentimiento de su corazón se levantaba en su contra, y si ella hubiera considerado sus emociones como su rey, hubiera caído en la más completa desesperación. Pero ella había aprendido el secreto de la voluntad y sabiendo en el fondo, que ella misma había escogido la voluntad de Dios para su porción, no hizo el menor caso a sus emociones, sino persistió cada vez que sus sentimientos se manifestaban en contra, en decir una y otra vez: "Sea hecha tu voluntad." "¡Sea hecha tu voluntad!" y respondiendo que ella la había escogido, que estaría sometida a ella y sería su delicia. El resultado fué que en un increíble corto espacio de tiempo, todos sus sentimientos fueron sometidos, y halló que todas sus emociones se regocijaban en la bendita voluntad de Dios.

Otra ilustración al respecto. Una señora, había tenido una costumbre deseada por sus emociones, pero repulsiva para su voluntad. Creyéndose necesariamente bajo el control de sus sentimientos, pensó le sería imposible vencerlos, hasta que sus emociones fueran cambiadas; pero aprendió que el todo residía en su voluntad y yendo a su habitación oraba de la siguiente manera: "Señor, tú ves que con mis sentimientos amo este pecado, pero que mi voluntad lo detesta; hasta ahora mis emociones me han dominado, pero ahora pongo mi voluntad en tus manos para que tú obres en mí; nunca consentiré a rendirme a este pecado. Toma posesión de mi voluntad y obra en mí el querer y el hacer de tu complacencia."

Inmediatamente halló libertad. El Señor tomó posesión de la voluntad así rendida y comenzó a obrar en ella con todo su poder, de tal modo que su voluntad dominó sus sentimientos, hallándose libre, no por el poder de un mandamiento externo, sino por el poder interno del Espíritu Santo de Dios, "obrando en ella lo que era agradable a su vista."

Y ahora amado cristiano, permíteme mostrarte cómo aplicar este principio a tus dificultades. Deja de considerar tus emociones, porque sólo son tus siervas; y afirma simplemente tu voluntad, la cual es el rey de tu existencia. ¿La has entregado al Señor? ¿La has puesto en sus manos? ¿Te decides voluntariamente a creer? ¿Escoges el obedecer a Dios? Si éste es tu caso, entonces estás en sus manos, ya que decides creer y escoger la obediencia porque tu voluntad eres tú mismo. Y todo está ya hecho. La transacción con Dios es tan real cuando sólo actúa tu voluntad, como cuando todas las emociones coinciden. A tí no te parece así, pero lo es para Dios; y cuando te posesiones de este secreto y halles que no necesitas atender a tus sentimientos, verás esta preciosa realidad. Todas las Escrituras te ordenan rendirte al Señor, presentarte a El como un sacrificio vivo, permanecer en Cristo, andar en la luz, morir a tí mismo; esto es una posibilidad. Tú eres consciente de que en todo esto actúa tu voluntad, la cual está de parte de Dios, considerando que si tus emociones hubieran tenido que hacerlo, sería completamente incontrolable, sumergiéndote en desesperación.

Entonces, cuando estos sentimientos de insinceridad e hipocresía vengan, no te turbes por ellos. Sólo vienen de tus emociones. Pero que tu voluntad esté en las manos de Dios; que tu ser esté dispuesto a su obra; que tu elección, tu decisión, sea la suya; y entonces déjalas. Tus agitadas emociones, cual barco agitando al ancla, pero que gradualmente se rinde al seguro tirón del cable, encontrándose asidas por el grandioso poder de Dios, por tu propia voluntad, inevitablemente deben ceder en cautiverio y rendirle a El, completa obediencia; y tú, tarde o temprano verificarás la verdad que dice, "si alguno quisiere hacer su voluntad, conocerá la doctrina."

La voluntad, es cual madre sabia durante la crianza; los sentimientos, como un grupo de niños llorones y gritones. La madre se forja cierto modo de tratar con ellos, el cual es el mejor y más correcto que ella conoce. El niño se rebela, pues no quiere que sea así. Pero la madre, que sabe que ella es la que gobierna y no ellos, pone en curso su plan, amorosa y calmadamente aun en pugna con los gritos de los niños. Como resultado se obtiene que tarde o temprano, el pequeñuelo es ganado al curso de acción de la madre, aceptando sus decisiones; y entonces todo es armonía y felicidad. Pero si por un momento, la madre cediera a que el niño mande y no ella, reinaría la confusión y el desenfreno. La causa por la cual muchas almas están ahora en confusión, es porque permiten que sus sentimientos les dominen y no su voluntad.

Recuerda entonces que la cosa real en tu experiencia, es la decisión de tu voluntad y no el veredicto de tus sentimientos, y que estás más cerca del peligro de la hipocresía e insinceridad, entregándote a las aseveraciones de tus emociones, que afirmándote a las decisiones de tu voluntad. De manera que si ésta está sometida a Dios, no eres hipócrita al decir la realidad bendita, que perteneces todo al Señor aunque todos tus sentimientos clamen lo contrario.

Estoy convencida de que la expresión que la Biblia usa, concerniente a la palabra "corazón," no significa las emociones sino la voluntad, la personalidad del hombre, su ser interior; y el objeto de los tratos de Dios con el hombre, es para que este "YO" le sea rendido y el centro de su vida abandonado a su control. No es sentimientos lo que Dios quiere, sino al hombre mismo.

Pero no debemos equivocarnos aquí. He dicho, que

debemos darle nuestras voluntades, pero con esto no quiero decir que debemos ser como seres involuntarios. No es que tengamos que entregarle nuestra voluntad y quedar como personas sin carácter, absolutamente sin voluntad. Simplemente hemos de substituir nuestros frívolos y mal dirigidos deseos de ignorancia y de inexperiencia, por la suprema, divina y perfecta voluntad de Dios. Si ponemos el énfasis en la palabra "NUESTRA," lo entenderemos mejor. Lo que debemos entregar es "NUESTRA VOLUNTAD," tal como es, mal dirigida y apartada de la de Dios; pero no es así cuando es una con la suya, porque cuando ambas están en armonía, cuando tiene el sello de unidad con El, sería muy erróneo el renunciar a ella.

Se requiere que el niño entregue su voluntad erróneamente dirigida como es la de la infancia, pues, no podemos permitirle que diga: "yo quiero y yo no quiero;" pero cuando la suya está de acuerdo con la materna, anhelamos que diga: "quiero o no quiero" con todas sus fuerzas."

Cuando Dios está "obrando en nosotros su voluntad," debemos afirmar nuestros rostros cual pedernal, para llevarla a cabo y debemos responder enfáticamente, "YO QUIERO," a cada uno de sus "TU DEBES HACER o HAZ ESTO," porque Dios sólo llevará a buen término su voluntad en nosotros, cuando consentimos y armonizamos con ella.

Querido lector, ¿has consentido en que tu rostro se afirme como pedernal para desear la voluntad de Dios? El desea que le estés completamente rendido y que confíes en El perfectamente. ¿Anhelas tú lo mismo?

Nuevamente te repito que todo está en la voluntad. Fenelón dice: "La voluntad de amar a Dios, es el todo de la religión." Por lo tanto, si voluntariamente has tomado los pasos del rendimiento y la fe, tienes el derecho

72

de creer actualmente, aunque tus sentimientos no expresen que perteneces al Señor y que El ha comenzado en tí "el querer y el hacer de su buena voluntad."

Años después que fué escrito este capítulo, la siguiente ilustración de su enseñanza, me fué dada por el pastor Teodoro Moned, de París. Es la experiencia de un ministro presbiteriano, la cual fué guardada cuidadosamente por muchos años:

Newburgh, Septiembre 26 de 1842.

Querido hermano:

Tomo algunos momentos del tiempo que he consagrado al Señor, para escribirle a usted, su siervo, una breve carta. Nos deleita en gran manera, el sentir que pertenecemos al Señor, que nos ha recibido y que somos completamente suyos. Esto es religión, un abandono del principio de egoísmo, y la adopción en su plenitud del sentimiento perseverante: "No soy mío, soy comprado por precio."

Desde que yo lo ví la última vez, he sido compelido hacia adelante, pero hasta ahora nada notable ha habido en mi experiencia, de lo cual yo pueda hacer mención, bien que no sé si es lo mejor esperar cosas extraordinarias, pero, procuro ser santo, como Dios es santo, impelido rectamente hacia la recompensa.

Sé que no soy la persona apta para instruirle. Sólo puedo decirle la forma en que yo he sido dirigido. El Señor trata en distinta manera con las diferentes almas y no debemos desear copiar las experiencias de otros; pero hay ciertas cosas que deben atender aquellos que buscan un corazón limpio.

Debe hacerse una consagración completa y personal de todo a Dios, un convenio hecho con El, que seremos completamente suyos para siempre. Esto fué hecho intelectualmente sin ningún cambio en mis sentimientos, con un corazón lleno de dureza y tinieblas, incredulidad, pecado e insensibilidad.

Convine en ser del Señor y dejar mi todo sobre el altar como un sacrificio vivo, en la mejor forma que sabía. Cuando me levanté de mis rodillas era consciente de no haber experimentado cambio en mis sentimientos. Estaba completamente consciente de no tener cambio alguno. Pero estaba seguro de haber hecho una completa y eterna consagración de mi ser a Dios, con toda sinceridad y honestidad. Entonces yo no consideré la obra como ejecutada, pero permanecí en una condición de completa devoción y sacrificio vivo a Dios. Supe también que yo debía creer que Dios me aceptaba y venía a morar a mi corazón. Tenía conciencia de creer esto y, sin embargo, lo deseaba. Con mucha oración, leí la primera Epístola de Juan y traté de asegurarme individualmente del amor de Dios. Sentía que mi corazón estaba lleno de mal. Me parecía que no tenía poder para dejar mi orgullo, o repeler los pensamientos malos que yo aborrecía. Pero Cristo fué manifestado para destruir las obras del diablo, y era muy claro que el pecado en mi corazón era la obra del diablo. Por lo tanto me era imposible creer que Dios obraba en mí el querer y el hacer de su buena voluntad, mientras yo estaba logrando fatigosamente el obrar mi propia salvación con temor y temblor.

Convencido de incredulidad, hacía a Dios un mendominantes, especialmente, el de predicarme a mí mistiroso. El Señor me trajo cara a cara con mis pecados mo, en lugar de Cristo y entreteniéndome en pensamientos halagadores después de mi predicación. Me era imposible el no hacerme de reputación y buscar el honor que sólo viene de Dios. Satanás trató por todos los medios de apartarme de la Roca de los Siglos, pero gracias a Dios, que finalmente acerté con el método de vivir la vida cristiana momento por momento y entonces hallé descanso.

Me siento encerrado en una momentánea dependencia de la gracia de Cristo. No permitiría al adversario turbarme por el pasado o el futuro, porque cada paso lo busco para la necesidad del momento. He decidido ser un hijo de Abraham, y andar por pura fe en la Palabra de Dios y no en los sentimientos o emociones internas. Buscaba ser un cristiano según la Biblia. Desde aquel tiempo el Señor me ha dado victoria completa sobre el pecado que me esclavizaba. Me deleito en el Señor y en su Palabra. Me deleito en la obra como ministro. Soy compañero del Padre y de su Hijo Jesucristo. Soy un niño en Cristo. Sé que mi progreso ha sido poco, comparado con el que muchos han hecho. Mis sentimientos varían, pero cuando esto sucede, alabo a Dios y confío en su Palabra; y cuando estoy hambriento y mis sentimientos se han ido, hago lo mismo. He determinado andar por la fe y no por los sentimientos.

Creo que el Señor está comenzando a avivar su obra entre mi gente. "¡Bendito sea Dios!" Que el Señor le llene de su plenitud y le dé la mente de Cristo. ¡Oh, sea fiel! Ande delante de Dios y sea perfecto. Predique la Palabra, inste a tiempo y fuera de tiempo. El Señor le ama. El obra con usted. Descanse plenamente en la promesa, "He aquí yo estoy con vosotros todos los días hasta el fin del mundo."

Su compañero de milicia:

Guillermo Hill

Capítulo 8

Dificultades en Cuanto a la Dirección Divina

Has comenzado ahora, querido lector, la vida de fe. Te has entregado al Señor, para ser cabal y completamente suyo, y estás ahora completamente en sus manos, a fin de ser amoldado y adaptado según su propósito divino, en un vaso para su honra.

Tu más fervoroso anhelo, es seguirle doquier te guíe, y ser muy dócil en sus manos; y estás confiándole el "obrar en tí, el querer como el hacer según su buena voluntad;" pero he aquí, que hallas una gran dificultad. Todavía no has aprendido a conocer la voz del Buen Pastor y, por esto, te hallas en duda y perplejidad, en saber realmente su voluntad en lo que a tí concierne.

Quizá haya ciertos caminos a los cuales parece que Dios está llamándote, los cuales tus amigos no aprueban. Es posible que los tales sean de más experiencia en la vida cristiana y que a tí mismo te parezca que es ir demasiado lejos el hacerlo. Apenas puedes soportar el diferir de ellos en sus opiniones, o el disgustarles. Sientes también mucha timidez al no serles condescendiente en algo, que tú sabes es un deber, pero lo cual ellos no aprueban. No puedes lograr todavía el desembarazarte de tales impresiones, hallándote, por lo tanto, sumergido en gran duda e inquietud.

Para el alma completamente rendida, hay salida de todas esas dificultades. Repito, completamente rendida, porque si hay algún deseo reservado, sobre algún punto, llegaría a ser casi imposible encontrar la mente de Dios con referencia a aquél; y, por lo tanto, la primera cosa es estar seguro de que estás realmente dispuesto para obedecer a Dios, fuere lo que fuere al respecto. Si no obstante éste es tu propósito, y tu alma sólo necesita conocer la voluntad de Dios para obedecerla, entonces, seguramente no puedes dudar de su complacencia en hacerte conocer su deseo y guiarte en el camino recto. Con referencia a esto, hay muchas citas bíblicas muy claras. Toma, por ejemplo Juan 10:3-4, "Y a sus ovejas llama por nombre y las saca. Y como ha sacado fuera las propias, va delante de ellas; y las ovejas le siguen porque conocen su voz," o bien, Juan 14:26, "Mas el Consolador, el Espíritu Santo, al cual el Padre enviará en mi nombre, El os enseñará todas las cosas y os recordará todas las cosas que os he dicho," o Santiago 1:5-6, "Y si alguno de vosotros tiene falta de sabiduría, demándela a Dios, el cual da a todos abundantemente y no zahiere y le será dada," etc.

Con tales declaraciones como las recién mencionadas y muchas más como ellas, debemos creer que la dirección divina nos está prometida y que, por lo tanto, nuestra fe debe esperarla. Esto es esencial, porque, en Santiago 1:6-7, se nos dice: "Pero pida en fe, no dudando nada; porque el que duda es semejante a la onda de la mar, que es movida del viento, y echada de una parte a otra. No piense, pues, el tal hombre que recibirá ninguna cosa del Señor."

Asienta primero del todo este punto y no permitas que sugestiones de dudas te desvíen de una fe inmutable en cuanto a esto, que la dirección divina ha sido prometida, y si la aspiras, la recibirás.

Inmediatamente debes recordar que nuestro Dios es todo ciencia y todo sabiduría, y que por lo tanto es muy posible que te guíe por senderos en los cuales El sabe que grandes bendiciones te aguardan; pero a la corta visión humana que está en tu derredor, parece que sólo resultará en confusión y pérdida. Debes aprender de Lucas 14:26-33 y de pasajes similares que para ser un discípulo y seguidor de tu Señor, tal vez seas llamado a dejar interiormente todo lo que tienes, padre o madre, hermano o hermana, esposo o esposa; o puede ser también tu propia vida. Salvo la posibilidad de que esta verdad sea claramente reconocida, te encontrarás en dificultades, pues a menudo, sucede que los hijos de Dios que entran en esta vida de plena obediencia, son, tarde o temprano, guiados por senderos desaprobados por aquellos a quienes más amor profesan; y si no están preparados para esto y pueden confiar en el Señor hasta el fin y, en todo y para todo difícilmente sabrán a qué atenerse y qué hacer.

No obstante, habiendo sido asentados estos puntos, viene ahora el asunto de cómo se nos presentará la dirección divina y cómo podremos conocer su voz. Hay cuatro modos en que Dios nos revela su voluntad. Mediante las Escrituras; por las circunstancias providenciales; por medio de la convicción de nuestro más elevado conocimiento y por las impresiones del Espíritu Santo en nuestras mentes. Donde estas cuatro formas armonizan, no hay duda de que es Dios quien habla. Dejo establecido como fundamento que nadie podrá contradecir, que sin duda su voz estará siempre en armonía consigo mismo, no importa las diferentes formas en que pueda hablar. Las voces podrán ser muchas, pero el mensaje uno. Si Dios me indica en alguna forma hacer o dejar de hacer alguna cosa, no puede, con toda seguridad, decirme lo contrario en otra voz. Si hay contradicción en las voces, muestra que no provienen de una sola persona. Por consiguiente, mi regla para el discernimiento de la voz de Dios, es poner a prueba esta armonía.

Las Escrituras primeramente. Si estás en duda sobre algún asunto, debes, antes que otra cosa, consultar lo que la Biblia dice acerca de él y ver si hay alguna dirección, expresamente para tu caso. Hasta que hayas encontrado y obedecido la voluntad de Dios como se halla revelada, no debes pedir ni esperar una revelación personal, separada y directa. Hay un gran número de errores fatales en cuanto a la dirección divina, debido a que muchos pasan por alto esta regla tan simple. Donde nuestro Padre ha escrito e indicado la dirección, acerca de algún asunto, no va a hacernos una revelación expresamente para nosotros. Y si faltamos en escudriñar y obedecer las Escrituras en lo que nos indica y en su lugar, prestamos atención a voces internas, nos exponemos a ilusiones, y casi inevitablemente, caeremos en el error.

Ningún hombre, por ejemplo, necesita o puede esperar que le sea dada ninguna revelación personal en el asunto de robar. Esto parece una cosa tan clara, la cual no debería aun mencionar, pero yo he hallado muchos cristianos que lo han pasado por alto y como resultado han caído en el fanatismo. Conocí una piadosa cristiana quien encontró el texto: "Todas las cosas son vuestras;" impresionó su mente con gran fuerza, por un dinero, que pertenecía a una amiga suya y, acerca del cual, había recibido "como mandamiento," el posesionarse de él. Y, después de una gran lucha, obedeción aquella falsa dirección, acarreando los más desastrosos resultados. Si ella, en lugar de hacer esto se hubiera sometido al plan de escudriñar lo que las Escrituras dicen sobre el robo, hubiérase librado de tal caída.

Es verdad que la Biblia no siempre nos da el derrotero particular de cada curso y, en tales casos, necesitamos y debemos esperar dirección en otra forma. Sin embargo, las Escrituras son más explícitas, aun en los detalles, que lo que la gente piensa y no hay muchos negocios c asuntos en la vida para los cuales no encontramos indicación directa en el Libro de Dios. Tomemos el asunto de vestirnos y tendremos 1 Pedro 3:3-4 y 1 Timoteo 2:9. El asunto de la conversación y, leemos Efesios 4:29 y 5:4. Otro caso: el perdonar las injurias y establecernos sobre nuestros derechos y tenemos Romanos 12:19-21; Mateo 5:38-48 y 1 Pedro 2:19-21. Tomemos el asunto, "el perdonarnos los unos a los otros;" Efesios 4:32 y Marcos 11:25-26. La conformidad con el mundo y hallaremos la respuesta en Romanos 12:2; 1 Juan 2:15-17; Santiago 4:4; ansiedades de diversas índoles, Mateo 6:25-34 y Filipenses 4:6-7. Solamente doy éstos, para mostraros cuán completamente práctica es la Biblia en cuanto a dirección. Si por lo tanto, te encuentras en perplejidad, antes que otra cosa, investiga y vé lo que la Biblia habla del punto en cuestión, pidiendo a Dios que te lo aclare, por el poder de su Espíritu y mediante las Escrituras. Y cuando lo veas claramente enseñado allí, debes obedecer. Ninguna dirección especial te será dada sobre lo que las Escrituras ya han indicado y expresado; no puede haber dirección divina que contradiga a la Palabra de Dios, la Biblia.

Con todo, es esencial recordar en conección con esto, que la Biblia es un libro de principios y no de desconectados aforismos. Textos aislados pueden, a menudo, aprobar cosas, a las cuales los principios de las Escrituras, son totalmente opuestos. Yo creo que todo fanatismo comienza por este camino. Un texto aislado puede impresionar de tal manera la mente, que parezca una necesidad obedecer, no importa cuán erróneo sea. Y así los principios escriturales son violados bajo el pretexto de obediencia a las Escrituras. En Lucas capítulo 4, el enemigo usó textos aislados para garantizar sus tentaciones, en tanto que Cristo le resistió por la enumeración de principios.

Si con todo, al escudriñar la Biblia, no encuentras principios asentados sobre tu punto o dificultad, debes entonces buscar dirección por las otras formas expresadas. Y Dios, seguramente, te hablará, ya sea por convicción de tu más elevado raciocinio, o por sus circunstancias providenciales, o por una impresión interior muy clara. En toda dirección verdadera, estas cuatro voces, como ya hemos dicho, necesariamente armonizarán porque Dios no puede expresar algo en una voz y contradecirlo en otra. Por lo tanto, si sientes una impresión de deber, debes ver si está de acuerdo con las Escrituras, y si se recomienda por tu mejor conocimiento y si también, como los Cuáqueros decimos, "los caminos están abiertos" para llevarla a cabo. Si alguna de estas pruebas fracasan, no es seguro proceder, sino debes esperar en tranquila confianza, hasta que el Señor te muestre el punto de armonía, el cual, tarde o temprano, se hará si es su voz la que ha hablado. Cualquier cosa, fuera de esta armonía divina, debe ser rechazada, por no provenir de Dios. Porque no debemos olvidar nunca, que pueden venir impresiones de otras fuentes, tan bien como del Espíritu Santo. El personalismo fuerte de quienes nos rodean, es una fuente de gran número de nuestras impresiones. A menudo también se presentan debido a una mala condición física, la cual pinta las cosas más de lo que soñamos. Y finalmente, las impresiones provienen de aquellos enemigos espirituales que parece están acechando cada viajero que anhela entrar en las más elevadas regiones de la vida espiritual. En la misma epístola, donde se nos dice que estamos sentados "en lugares celestiales en Cristo" (Efesios 2:6), se nos explica también que tendremos que luchar allí, con enemigos espirituales (Efesios 6:12). Estos enemigos espirituales, quienes quiera que ellos puedan ser, pueden comunicarse con nosotros, necesariamente por medio de nuestras facultades intelectuales y sus voces, por lo tanto, serán como la voz de Dios, una impresión interior efectuada en nuestros espíritus. Por consiguiente, así como el Espíritu Santo puede decirnos por impresiones la voluntad de Dios concerniente a nosotros, así también estos enemigos espirituales nos indican en igual forma lo que ellos nos demandan, disfrazándose, por consiguiente, como "ángeles de luz," que han venido para acercarnos más a Dios. Muchos hijos de Dios fervorosos y honestos de corazón han sido engañados y llevados por caminos de extremo fanatismo, mientras que pensaban seguir muy cerca al Señor. Dios que ve la sinceridad de tales corazones, puede y lo hace, estoy seguro, apiadarse y perdonarles, pero las consecuencias que a menudo resultan de tales vidas son lastimosas. No es suficiente tener un guía, debemos resolver el origen de esas direcciones, antes que nos pongamos a seguirlas. No es suficiente tampoco, que las direcciones sean muy notables, o que las coincidencias sean muy sorprendentes, para establecerlas como seguras y provenientes de Dios. Durante todas las edades el perverso mundo y los agentes falaces han tenido la potestad de obrar milagros, predecir eventos, revelar secretos y dar señales; y el pueblo de Dios ha sido siempre enfáticamente exhortado a no ser engañado de este modo.

Es esencial, por lo tanto, que nuestras indicaciones de "guía," sean todas probadas por las enseñanzas de las Escrituras. Pero esto sólo tampoco es suficiente. Deben ser también probadas por nuestro elevado juicio espiritual, o a lo que se llama familiarmente "sentido común."

Hasta donde yo puedo ver, las Escrituras presentan en todas partes como una cosa esencial en los hijos de Dios, el uso de todas las facultades que nos han sido dadas. Las facultades exteriores están para nuestro andar exterior y las interiores están para su orden. Y ellas

82

pueden esperar también el ser guardadas de tropezar con piedras en lo externo, andando a ciegas, como el ser guardados de tropiezos espirituales si se hacen a un lado el juicio y sentido común en la vida interior.

Sin embargo, alguno puede decir aquí: "Pero yo pensaba que nosotros no debemos depender de nuestro entendimiento humano en las cosas divinas." Respondo a esto, que nosotros no vamos a depender de nuestro entendimiento humano no iluminado; sino de este juicio, iluminado por el Espíritu de Dios. Eso es, que Dios nos hablará por las mismas facultades que nos ha dado y no independientemente de ellas; justamente como usamos nuestros ojos físicos en nuestro andar exterior, no importa qué "tan llenos de fe" seamos, así debemos usar "los ojos interiores de nuestro entendimiento" en nuestro andar interior con Dios.

La tercera prueba, a la cual nuestras impresiones deben ser sometidas, es la de circunstancias providenciales. Si una "dirección" es de Dios, el camino siempre se abrirá para ella. Nuestro Señor nos asegura esto cuando dice, en Juan 10:4: "Y como ha sacado fuera las propias, va delante de ellas; y le siguen." El va delante para abrirnos el camino y estamos para seguirle en el camino que nos ha abierto. Nunca es una señal de dirección divina, cuando los cristianos insisten en abrir su propio sendero, imponiéndose con arrogancia sobre todas las cosas opuestas. Si el Señor "va delante" de nosotros, El nos abrirá puertas y no tendremos necesidad de derribarlas por nuestra propia cuenta.

El cuarto punto que yo daré es éste, que así como nuestras impresiones deben ser probadas, como he demostrado, por las otras tres voces, así deben éstas a su vez ser puestas a prueba por nuestras impresiones interiores. Y si sentimos una "detención en nuestras mentes," acerca de algún punto, debemos esperar, hasta que esto haya desaparecido, para ponernos en acción.

Una señora cristiana, la cual, había avanzado en la vida divina, con rapidez poco común, me dió con "el secreto" este simple precepto: "Yo siempre obedezco al freno." No debemos pasar por alto la voz de nuestras impresiones interiores, ni imponernos sobre ellas, más que las otras tres, de las cuales ya hemos hablado.

Todo don precioso peculiar, está siempre necesariamente ligado con algún peligro peculiar. Cuando el mundo espiritual se abre para un alma, tanto el bien como el mal, se preparan para encontrarla. Pero no debemos desanimarnos por esto. ¿Quién no preferiría entrar en la virilidad con todos sus riesgos y peligros, a permanecer para siempre, en la ignorancia e inocencia de la juventud, y quién no preferiría crecer a la medida de la estatura de Cristo aunque esto envuelva más sutiles y nuevas formas de tentación?

Por lo tanto, no debemos estar aterrados de abrazar el bendito privilegio de la dirección divina, por el temor de los peligros que la envuelven. Con las cuatro pruebas que he mencionado y un sentido divino de "lo apropiado" derivado de la armonía de todas las indicaciones de Dios, allí no hay nada que temer. Y me parece que las bendiciones y el gozo de esta directa comunicación de la voluntad de Dios para nosotros, es uno de nuestros más grandes privilegios. El que "Dios cuida" suficientemente de regularizar todos los detalles de nuestras vidas, es la prueba más fuerte que pueda darnos, para mostrarnos su amor, que El haya descendido, el decirnos todo acerca de ella y hacernos saber perfectamente cómo vivir y andar para agradarle, parece demasiado bueno para ser verdad. No hacemos caso de pequeños detalles en las vidas humanas, si no sentimos amor hacia ellas. Para nosotros nos son indiferentes las ocupaciones de la mayoría y el cómo emplean el tiempo. Pero tan pronto como comenzamos a amar alguno, empezamos a cuidar y fijarnos en cosas que antes no nos interesaban.

La ley de Dios, por lo tanto, es solamente otro nombre, para expresar el amor de Dios y cuanto más minuciosa se hace esta ley en los detalles de nuestras vidas, más seguridad tenemos de la realidad de su amor. Nunca podremos experimentar la plenitud de gozo y privilegios de la vida escondida con Cristo en Dios, hasta que hayamos aprendido la lección de una diaria y frecuente dirección divina.

La promesa de Dios es que El obrará en nosotros, el querer como el hacer, según su buena voluntad. Por consiguiente, esto significa que él tomará posesión de nuestros deseos y obrará en ellos por nosotros. Y que sus sugestiones nos vendrán no tanto como mandamientos sino más bien, como deseos que brotan de nuestro interior. Se originarán en nuestra voluntad. Sentiremos, que es algo pensado que deseamos hacer y no como un pensamiento de deber. Y esto hace que sea un servicio de perfecta libertad; porque siempre es fácil hacer lo que deseamos, aunque las circunstancias sean difíciles. Toda madre sabe que lograría perfecta y fácil obediencia en su niño, si ella pudiera tomar los deseos del infante y obrar en ellos, haciendo que la voluntad materna, brotara como anhelo de la criatura. Y esto es lo que nuestro Padre, en la nueva dispensación, hace para sus hijos. "Escribe sus leyes en nuestros corazones y en nuestras mentes," de tal manera que nuestra afección y nuestro entendimiento las abracen, y somos "inducidos" a obedecer en lugar de ser "forzados."

Por lo tanto, la manera en que el Espíritu Santo obra, generalmente en una calma completamente obediente en lo que toca a esta dirección directa, es impresionando en la mente el deseo de hacer o dejar cierta cosa.

Cuando el hijo de Dios ocupado en la oración, quizá siente una sugestión repentina en su conciencia íntima, en cuanto a algún punto de deber, "Me gustaría hacer esto o el otro," piensa, "yo deseo hacerlo si es que puedo." Al instante el asunto debe ser presentado al Señor, con el deseo de obedecerle, si tal sugestión proviene de El en realidad. Y entonces, las pruebas mencionadas deben ser inteligentemente aplicadas, especialmente, si la sugestión está de acuerdo con las enseñanzas de las Sagradas Escrituras, con un juicio santificado y con las circunstancias providenciales. A menudo no es necesario ningún procedimiento distinto de este proceso, porque nuestra inteligencia espiritual puede ver en una mirada, lo recto o erróneo del asunto. Pero, sin embargo, cuando esta armonía divina esté reconocida y un sentido divino de lo apropiado esté asentado en el corazón, una obediencia inmediata es entonces el curso más seguro y fácil.

El primer momento en que vemos claramente que una cosa es correcta, es siempre el tiempo cuando es fácil hacerla. Si "dejamos al razonamiento" como los Cuáqueros lo expresaron, la oportunidad de oro está perdida, y la obediencia, cada momento que la dilatamos viene a hacerse más y más difícil. La vieja voluntad propia despierta en nuestra vida; y las energías que debieran ser ocupadas en la obediencia, son absorbidas en la contienda con dudas y razonamientos.

Sin embargo, sucede a veces que, a pesar de todos nuestros esfuerzos para descubrir la verdad, el sentido divino parece que no viniera y nuestras dudas y perplejidades continúan sin ser iluminadas. En adición a esto, nuestros amigos difieren de nosotros y se oponen a nuestro curso. En tales casos, no hay más que hacer que esperar hasta que la luz venga. Pero debemos esperar en fe y en actitud de pleno rendimiento, diciendo un continuo "sí" a la voluntad de nuestro Señor, sea ella cual fuere. Si la sugestión proviene de El, continuará y se fortalecerá; si no es de El desaparecerá, y debemos casi olvidar que la hemos tenido. Si continúa, si cada vez que tenemos comunión con el Señor parece volver, si dificulta nuestros momentos de oración y quita toda nuestra paz y, finalmente, si se conforma a la prueba de la armonía divina de la cual ya hemos hablado, entonces podemos asegurarnos que proviene de Dios y debemos rendirnos a ella o sufrir una indecible pérdida.

El apóstol nos da una regla en referencia a cosas dudosas, la cual me parece muy explícita. El habla, refiriéndose a cierta clase de comidas, las cuales son ceremonialmente inmundas, y después de habernos declarado su propia libertad, nos dice: "Yo sé y estoy persuadido por el Señor Jesús, que nada hay inmundo en sí mismo, pero aquel que estima alguna cosa ser inmunda, a él es inmunda." Y recapitulando escribe: "¿Tienes tú fe? Ténla para tí mismo delante de Dios. Bienaventurado aquel que no se condena a sí mismo con lo que aprueba. Y si hace diferencia se condena si come, porque come, no de fe, y todo lo que no es de fe, es pecado."

En todo asunto dudoso, no debes ponerte en acción hasta recibir luz de Dios para conocer con claridad su plan. Muy a menudo encontrarás que la duda ha sido su misma voz, llamándote a una conformidad mayor a su voluntad; pero a veces estas dudas son sólo tentaciones o mórbidos sentimientos, a los cuales sería poco sabio entregarnos y el único camino seguro, es esperar hasta obrar con fe. "Porque todo lo que no es de fe, es pecado."

Trae tus perplejidades presentes al Señor. Dile que sólo quieres conocer y oir su voz. Pídele que te lo aclare. Prométele obediencia en lo que sea.

Cree implícitamente que El está guiándote según su Palabra. En toda cosa dudosa espera hasta tener luz. Aguarda y escucha continuamente su voz y, en el momento que estés seguro de ella, pero no hasta entonces, ríndete a una obediencia inmediata. Confía, que si no es su voluntad, El te hará borrar la impresión anterior, pero si coninúa y está en armonía con las otras voces, no temas obedecerla.

Confía en el Señor sobre todas las cosas. Nunca la fe es más necesaria que hasta entonces. El ha prometido guiarnos. Tú le has pedido que lo haga. Ahora debes creer que lo hace y debes tomar lo que venga, como su dirección.

Ningún padre ni maestro terrenal puede guiar a sus hijos o a sus siervos, si ellos refutan el tomar sus mandatos como la real expresión de su voluntad. Y Dios no puede guiar aquellas almas que nunca confían lo suficiente para creer que El lo está haciendo.

¡Sobre todo, no temas esta vida bendita, vivida hora tras hora y día tras día, bajo la dirección del Señor!

Si El te busca para sacarte del mundo y acercarte, haciéndote conforme a su semejanza, no le huyas. Regocíjate. Abrázale ávidamente. Que toda las cosas se pierdan, pero que puedas posesionarte de ella.

Capítulo 9

Dificultades Concernientes a las Dudas

Un gran número de cristianos, son esclavos del hábito inveterado de dudar. No quiero decir con esto, que abriguen dudas en cuanto a la existencia de Dios o a las verdades de la Biblia, sino acerca de su relación personal con el Dios en quien profesan creer, en cuanto al perdón de sus pecados, en cuanto a sus esperanzas del cielo y en cuanto a su propia experiencia interna. Ningún ebrio, ha sido más esclavo de su vicio, que lo son ellos de dudar. Cada paso de su progreso espiritual es tomado contra la contienda temerosa de un ejército de dudas, que están constantemente en acecho y dispuestas a atacarle en el momento favorable. Sus vidas son desdichadas, su utilidad es efectivamente obstruída y su comunión con Dios, quebrantada continuamente por sus dudas. Y aunque la entrada del alma a esta vida de fe, en muchos casos lo pone por completo fuera de la región donde las dudas viven y florecen, en otros sucede de que algunas veces, el viejo tirano quiere resucitar y volver a su dominio, y hará que los pies tropiecen y que el corazón se desvanezca, cuando no pueda tener éxito en que el creyente resuelva completamente volver a la estéril vida del desierto.

Indudablemente todos nosotros recordamos nuestra pueril fascinación y aun horror, en la historia de esclavitud de Cristiano en el "Castillo de la Duda," (El Progreso del Peregrino, Bunyan), por el malvado gigante

"Desesperación" y nuestra exaltada simpatía por su huída de aquellas pesadas puertas y de aquel cruel tirano. Poco hemos sospechado que nosotros mismos nos hemos encontrado prisioneros del mismo gigante y en el mismo castillo. Pero temo que cada uno de nosotros si somos perfectamente honestos, tendremos que confesar, por lo menos, una experiencia tal y quizá algunos hemos pasado muchas en esa forma.

Parece extraño que gentes, cuyo mismo nombre de creyentes implica que una de sus principales características es que creen, tengan que confesar que tienen dudas. Y aun es un hábito tan universal, que creo, que si nuevamente hubieran de nombrarles, el único nombre adecuado y descriptivo que deberían llevar muchos de los hijos de Dios, sería DUDADORES. En efecto, muchos cristianos han caído bajo sus dudas, como de una clase de dolencia inevitable, de la cual sufren agudamente, y a la cual tienen que tratar de resignarse como una parte de la disciplina necesaria de esta vida terrenal; y se lamentan sobre sus dudas, como un hombre puede lamentarse de su reumatismo, considerándose como un "caso interesante" de una prueba peculiar, la cual requiere la más tierna simpatía y la mayor consideración.

A menudo, esto resulta verdadero en algunos cristianos que con todo su corazón desean entrar y andar en esta vida de fe y que quizá han dado muchos pasos hacia ella. Puede ser que se hayan zafado de las antiguas dudas que una vez les atormentaron, si sus pecados fueron realmente perdonados, y si ellos después de todo llegarían salvos al cielo, pero no se han librado de su hábito de dudar. Simplemente han llevado su costumbre a una plataforma más elevada. Quizá ellos digan: "Sí, creo yo que mis pecados están perdonados y que soy un hijo de Dios mediante la fe de Jesucristo. No me atrevo a dudar más semejante cosa, pero . . . ." Y este "pero," incluye una interminable formación de dudas, implicando la mayor parte de las declaraciones y las promesas que nuestro Padre celestial ha hecho a sus hijos. Ellos pelean con una tras otra de las promesas y rehusan creerlas, hasta que reciban una prueba segura a más de la Palabra de Dios, y entonces ellos se maravillan de que se les haya permitido andar en obscuridad tal y se miran casi como mártires y gimen bajo el conflicto espiritual peculiar en el cual están compelidas a perseverar.

¿Conflictos espirituales? Más valdría llamarles rebeliones espirituales. Nuestra lucha es una lucha de fe y desde el momento que nos ponemos a dudar, la lucha cesa y nuestra rebelión comienza.

Si me es posible, deseo hacer una vigorosa protesta contra las dudas.

Tanto como puedo unirme a los lamentos de un bebedor y orar junto con él a fin de recibir gracia para soportar la disciplina de su fatal apetito, podría darle oído por un instante a los débiles lamentos de estas almas esclavas, y tratar de consolarlas bajo su misma esclavitud.

A unos y a otros no quiero hacerles más que proclamarles la libertad perfecta que para ellos hay en Cristo Jesús, y suplicar, impetrar e importunarles con todo el poder de mi autoridad, para que se aprovechen de tal libertad. Ni por un momento escucharé sus excusas desesperadas. ¡Debes ser libre, puedes serlo y debes ser libre!

¿Querrás decirme que es una necesidad inevitable que Dios sea dudado por sus hijos? ¿Es necesario que tus hijos duden de tí? ¿Tolerarías acaso sus dudas, aunque no fuese más que por una hora? ¿Te compadecerías de tu hijo, condoliéndote de él, sintiendo que el suyo era "un caso interesante," cuando te dijera: "Padre, yo dudo tanto que no puedo creer que sea tu hijo, y que tú realmente me amas?" Y no obstante cuán a menudo notamos a hijos de Dios, excusando sus dudas y diciendo: "Pero yo dudo tanto, que no puedo creer en el amor y perdón de Dios," y nadie se horroriza por esto. Tú debes decir lo siguiente, con la misma complacencia: "Oh, pero yo soy un embustero tal, que no puedo evitar el decir mentiras," y esperar que la gente lo considere como una excusa suficiente. Creo verdaderamente que delante de Dios, la duda es tan desagradable y aborrecible como la mentira. Por cierto que le deshonra más, porque impugna su confianza y difama su carácter. Juan dice que "El que no cree a Dios, le ha hecho a El mentiroso," y a mí me parece que no hay cosa peor, que poner sobre el carácter de Dios, la deshonra de un embustero. ¿Acaso has pensado que éste fuera el resultado de tus dudas?

Recuerdo haber visto una vez la indignación y lágrimas derramadas por el corazón de una madre, por una pequeña duda de parte de una de sus hijas. Había traído dos niñitas a mi casa, y las dejó conmigo mientras hacía unas diligencias. Una de ellas con la feliz confianza de la infancia, se entregó a todos los placeres que yo podía proporcionarles y jugó y cantó hasta que volvió su mamá. La otra, con la desconfianza de la madurez, sentóse sola en un rincón, a lamentar primero, si su madre no volvería y si se hubiera olvidado de volver en su busca y comenzó a pensar que su mamá aprovecharía la oportunidad de deshacerse de ella en alguna manera, por haber sido una niña desobediente, y se puso furiosa y desesperada. Nunca olvidaré la mirada de la madre, cuando al volver, la niña le explicó la causa de su llanto. Dolor, amor herido, indignación y lástima, todos estos sentimientos mutuamente trataron

92

de ejercer su superioridad, y la madre con cierta dificultad comprendió en quién estaba la falta.

Quizá sean posibles tales dudas con una madre terrenal, pero nunca, nunca con Dios. Y centenares de veces en mi vida, cuando esta escena ha vuelto a mi mente, he recibido enseñanzas profundas y me he compelido a desechar las dudas que muchas veces han venido a mi corazón, acerca del amor, cuidado y recuerdo que mi Padre celestial tiene para mí.

Estoy convencida, que para mucha gente, la duda es una lujuria y el negárselas a sí mismo sería la cosa más dura que podría acontecerles. Y cuando se es indulgente con la lujuria vienen resultados tristes. Quizá ya los ha traído a tu propia experiencia cristiana, de tal modo que te hayas inclinado a decir: "¡Ay de mí!" Si para mí no es un placer sino una prueba terrible." Espera un instante. Procura renunciar a ellas, y muy pronto hallarás si lo es o no. ¿Acaso no vienen las dudas a tu puerta como una compañía de amigos simpatizantes, quienes aprecian tu caso y vienen a condolerse contigo? ¿Y no es lujuria el reposar con ellas y entretenerlas, escuchar todos sus argumentos y unirse a sus lamentaciones? ¿No será negarte a tí mismo, el volverte resueltamente de ellas y negarte a esuchar una de las palabras que te dicen? Si no lo sabes, pruébalo y convéncete.

¿Nunca has experimentado cómo se deleitan los sentidos en pensamientos malsanos contra aquellos que tú crees que te han ofendido? ¿Has conocido la fascinación positiva que te trajo su falta de bondad y el atisbar su malicia e imaginar toda clase de males y cosas erróneas acerca de ellos? Esto te ha hecho perverso, por supuesto, pero ha sido una clase de perversidad fascinadora a la que tú no puedes fácilmente renunciar.

Justamente, ha sido así el placer de dudar. Ciertas

cosas no han andado bien en tu experiencia. Las providencias han sido misteriosas, has tenido tentaciones peculiares, tu caso parece distinto al de los demás. ¿Qué más natural que pensar que por alguna razón Dios se ha olvidado de tí, que no te ama, y que tu bienestar le es indiferente? ¡Cuán irresistible es la convicción de que tú eres demasiado malo para que El te cuide, o demasiado ingobernable para que El te maneje!

No quieres con esto culpar al Señor o acusarle de una injusticia, porque tú sientes que su indiferencia y abandono, es nada más que lo que mereces por tu indignidad; y este subterfugio te deja en plena libertad, bajo la máscara de verdadero reconocimiento de tu condición, para consentir con tus deshonrosas dudas. Posiblemente te parecerá que dudas de tí mismo, pero no es así, sino que realmente dudas del Señor, consintiendo en pensamientos erróneos de El, como pudieras hacerlo con un enemigo humano. Porque El declara que vino a salvar no a los justos, sino a los pecadores; y tu propio pecado e indignidad en lugar de ser una razón para que El no te ame ni cuide, es realmente la causa principal de su amor y cuidado.

Con la misma razón el pobre corderito extraviado en el desierto, puede decir: "Me he perdido; y por esta razón el pastor no puede amarme ni cuidarme pues él sólo ama y cuida a los corderos que nunca se extravían." Igualmente puede decir el enfermo, "Estoy enfermo y por esto el doctor no vendrá a verme ni me dará medicina, porque él solamente cuida y visita la gente que está bien." Jesús dice: "Los sanos no tienen necesidad de médico, sino los enfermos." Y otra vez dice, "¿Qué hombre de vosotros teniendo cien ovejas, si perdiere una de ellas, no deja las noventa y nueve en el desierto y va a la que se perdió hasta que la halle?" (Lucas 15:4-6). Cualquier pensamiento acerca de Jesús, que no concuerde con esto es ofensivo y ceder a ello es peor que ceder a opiniones malas acerca de los seres humanos. Desde el principio hasta el fin de la vida cristiana, siempre es pecaminoso el ocuparse en dudas. Las dudas y el desánimo provienen siempre de malas fuentes y siempre son falsas. La única forma de combatirlas es con una negativa directa y enfática.

Esto me trae a la parte práctica del asunto, es decir: cómo librarnos de este hábito fatal. No podría dar otra respuesta, que seremos libres de esto en la misma forma en que hallamos libertad de cualquier otro pecado. Esta se halla en Cristo y sólo en Él. Debes traerle tus dudas como lo has hecho con tus otras tentaciones. Debes hacer con ellas lo mismo que con tu genio o con tu orgullo; esto es, debes rendirlas al Señor; creo que el remedio efectivo será hacer el propósito de abandonarlas como se haría con la bebida, confiando sólo en el Señor para guardarlo con firmeza.

Como en cualquier otro pecado, la fortaleza reside en la voluntad; y ésta y el propósito de dudar deben ser rendidas a Dios exactamente como cualquier otra tentación. Dios siempre toma posesión de una voluntad así rendida y si llegamos al punto de decir que no dudamos y le rendimos la fortaleza central de nuestra naturaleza, su bendito Espíritu comenzará a obrar en nosotros "todo el placer de su voluntad" y nos encontraremos guardados de dudar por su poder vencedor y grandioso.

La dificultad está en que el cristiano, cuando se trata de la duda, no siempre hace un completo rendimiento, sino se reserva cierto derecho para dudar, como si fuera necesario en algunas ocasiones.

"No quiero dudar más," diremos, "o espero que no lo haré." La libertad de dudar debe ser rendida para siempre y debemos consentir a una vida continua de inevitable confianza. Creo que a menudo es necesario efectuar un pacto definido en este asunto. Creo que es tan necesario en el caso del que duda como en el ebrio. No debe abandonarlo por grados. En este caso, el principio de total abstinencia es necesario.

Entonces, una vez hecho el rendimiento, debemos confiar absolutamente en el Señor, que El nos libertará en el tiempo de tentación. Y cuando el momento del asalto llegue, debemos levantar en seguida el escudo de la fe. Cuando lleguen las primeras sugestiones de dudas debemos llevárselas al Señor, para que El se entienda con ellas. No debemos permitir las dudas ni aun un instante. Y aun cuando se presentaren con aparentes razones o bajo la máscara de fingida humildad, simplemente debemos decir: "No me atrevo a dudar, debo confiar. Dios es mi Padre y El me ama, Jesús me salva, y lo hace ahora." Con estas palabras "Jesús me salva ahora," repetidas una y otra vez, derrotaremos al más numeroso ejército de dudas que jamás nos haya asaltado. He probado esto un sinnúmero de veces y jamás me ha fracasado. No te detengas para argüir contigo mismo o con tus dudas. No les prestes atención ni en lo más mínimo. Ciérrales la puerta en la cara y niégate aun a decir una palabra con ellas. Responde escrituralmente, es decir, con el "Escrito está." Mira a Jesús y dile que confías en El y que seguirás haciéndolo. Entonces deja que las dudas griten todo lo que quieran, nada te harán si tú no les das entrada.

Yo sé que al hacer esto, te parecerá como si cerraras la puerta en el rostro de tus mejores amigos y que tu corazón las deseará a veces, más que los israelitas sus ollas de carne de Egipto. Pero niégate a tí mismo; toma tu cruz en este asunto y rápida y firmemente rehusa escucharles una sola palabra.

Cuántas veces al levantarme, se me han presentado un ejército de dudas, a las puertas de mi corazón clamando admisión. Nada me ha parecido real, nada ver-

96

dad; y mucho menos me ha parecido que yo, miserable e infeliz, pudiera ser el objeto del amor de Dios o de su cuidado. Si yo les permitiera la entrada y las invitara a tomar asiento y conformarse (por decirlo así) ¿qué placer hubiera experimentado muchas veces? Pero ya hace años que he hecho promesas acerca de las dudas y me atrevo tanto a violar mi promesa en cuanto a éstas, como en cuanto a no beber bebidas alcohólicas. No daré admisión a la primera duda. Así es que en semejantes ocasiones he tenido necesidad de tomar el escudo de la fe, en cuanto me he aseverado de estas sugestiones de dudas y las he puesto a todas en las manos del Señor cerciorándome de mi fe en El, y repitiendo estas simples palabras: "Dios es mi padre; soy su hija perdonada, El me ama, Jesús me salva, Jesús me salva ahora." La victoria que he tenido, ha sido siempre completa. El enemigo ha penetrado cual río, pero "el espíritu de Jehová levantará bandera contra él" (Isaías 59:19). Y todas mis dudas desaparecieron y he podido unirme al canto de Moisés y los hijos de Israel: "Cantaré yo a Jehová porque se ha manifestado grandemente, echando en la mar al caballo y al que en él subía. Jehová es mi fortaleza y mi canción y hame sido por salud" (Exodo 15:1-2).

Queridas almas que dudáis, obrad en una forma similar a la que os he indicado y la victoria será vuestra. Quizá pensaréis que vuestras dudas son necesarias en vuestro caso particular, debido a la peculiaridad de temperamentos, pero enfáticamente os aseguro que no es así. No tenéis más derechos de dudar de vuestro Padre celestial que del terrenal. En ambos casos, depende de la palabra de ellos y no de vuestros sentimientos; y ningún padre terrenal ha mostrado su paternidad tan evidentemente y con tanto amor como vuestro Padre celestial lo ha hecho. Si no creéis, "hacéis a Dios mentiroso;" y debéis hacer que vuestra fe ande a la par de vuestra obediencia. Yo creo que aunque tuvierais que morir en el acto, obedeceríais a Dios. Creedle aun a costa de vuestra vida. Puede ser que el conflicto sea severo, a veces parece insoportable, pero haced que vuestra incambiable declaración en adelante sea, "Aunque me mate en El confiaré." Cuando vengan las dudas, no les salgas al encuentro con argumentos, sino con aseveraciones de fe. Todas las dudas son ataques del enemigo; el Espíritu Santo jamás las sugiere. El es el Consolador, y no el Acusador; y no nos muestra nunca nuestra necesidad sin enseñarnos al mismo tiempo la gracia divina que la suplirá.

No des oportunidad a tus dudas, ni por un momento. Huye de ellas con horror como si fuesen blasfemias, porque en realidad lo son. Quizá no puedas impedir que ellas vengan, como no puedes impedir que los muchachos de la calle blasfemen mientras tú pasas; pero en la misma manera, puedes rehusar unos y otros; pues en igual forma que te opones a escucharles o a unirte con ellos en sus juramentos, puedes desechar las dudas. No son tus dudas hasta que tú no accedes a ellas. Una forma práctica de desecharlas, es confesar nuestra fe a alguna persona, en el lenguaje más determinado posible o escribirlo o bien decírselo al Señor.

Por lo tanto, cuando cierres este libro, escribe tu determinación de no dudar jamás. Haz un convenio con tu Dios. Ríndele tu libertad de dudar para siempre. Haz que en este punto tu voluntad quede con la de Dios. Y confía en El para que te guarde firme. Dile tu debilidad y vicio de dudar y cuán incapaz has sido de vencer y encomiéndale a El todo tu asunto. Dile que no lo volverás a hacer y une tus fuerzas a las suyas contra este enemigo común; y ponte firme "mirando a Jesús" "manteniendo firme la profesión de nuestra fe sin fluctuar, porque fiel es él que prometió" (Hebreos 10:23). Ampárate en Su fidelidad, no en la tuya. Le has encomen-

98

dado el cuidado de tu alma como a fiel Creador y jamás para admitir la posibilidad de su infidelidad.

Cree, El es fiel, no porque tú lo sientas o lo veas, sino porque El lo dice. Cree, sientas o no sientas. Cree aun cuando te parezca que no es real. Cree activamente y cree con persistencia. Cultiva la costumbre de creer y no permitas que tu fe falte aun ante lo que parezca razonable. El resultado será que tarde o temprano reconocerás la realidad y tus dudas se desvanecerán ante la gloria refulgente de la fidelidad absoluta de Dios.

La regla inexorable en nuestra vida espiritual, es que "según nuestra fe nos será hecho;" y esta regla se aplica para ambos casos y debemos esperar que así será hecho cuando dudamos.

Yo creo que la duda y el desánimo son puertas para el mal, mientras que la fe es un muro inexpugnable contra él.

Amado lector que dudas, me compadezco de tus dudas de todo corazón. Reconozco tu sinceridad, piedad y tus esfuerzos para alcanzar una experiencia definida de paz con Dios por medio de nuestro Señor Jesucristo; y sé también que tu fatal costumbre de dudar te lo ha impedido. Deseo que por mis palabras tus ojos sean abiertos, para ver la victoria que está a tus mismas puertas. Prueba mi plan y verás si no es verdad, que, "de acuerdo con tu fe te será hecho."

Capítulo 10

Las Tentaciones

En el desenvolvimiento práctico de la vida de fe se cometen un gran número de equivocaciones concernientes al asunto de la tentación.

Primeramente parece que la gente espera que después de que el alma ha entrado en esta vida de descanso en el Señor, cesarán las tentaciones; y piensan que la libertad prometida no es solamente de ceder a las tentaciones, sino aun de ser tentadas. Por consiguiente, cuando hallan que "el cananeo habita en la tierra" y ven "las grandes ciudades amuralladas hasta el cielo" se desaniman completamente, piensan que han errado en alguna manera y que, después de todo, ésa no puede ser la verdadera tierra de Canaán que con tanto anhelo buscaban.

Otro error que cometen es el de mirar a las tentaciones como pecado y se culpan de las sugestiones del mal, aunque saben demasiado bien cuánto las aborrecen. Esta manera de pensar, les trae condenación y desánimo y si ésta prosigue, siempre nos conduce a la caída. El pecado hace siempre una presa fácil del alma desanimada; y esto sucede a menudo por el mismo temor de haber caído.

Para hacer frente a la primera de estas dificultades sólo es necesario referirnos a las declaraciones escriturales que nos dicen que la vida cristiana es una guerra; y que la lucha se intensificará más cuando estemos "sentados en lugares celestiales en Cristo Jesús," y somos llamados para luchar con enemigos espirituales cuyo poder y destreza en tentarnos, es indudablemente superior al que habíamos hallado en nuestra vida anterior. La verdad es que, por lo general, las tentaciones aumentan un décuplo, en lugar de disminuir cuando estamos en la vida de fe, pero no por esto debemos suponer ni por un instante que no hemos hallado la anhelada experiencia. A menudo las fuertes tentaciones son prueba de abundancia de gracia y no de la falta de ella. Cuando los hijos de Israel abandonaron primeramente a Egipto, el Señor no les condujo por el país de los filisteos, aunque éste era el camino más cercano; porque Dios dijo: "No sea que la gente vuelva cuando vea la guerra, y retroceda a Egipto." Pero después, cuando ellos aprendieron mejor a depositar su confianza en El, permitió que sus enemigos les atacaran. Además, en su peregrinación por el desierto, encontraron muy pocos enemigos y pelearon en muy pocas batallas, en comparación con las que se llevaron a cabo en la tierra de Canaán, donde encontraron para vencer siete grandes naciones y treinta y un reyes gigantes y ciudades amuralladas que tomar.

Jamás hubieran podido luchar con los Cananeos, Heteos, Amorrheos, Pherezeos y Jebuseos si no hubieran llegado a la tierra de estos enemigos. Por lo tanto, amado cristiano, el mismo poder de tus tentaciones, sea quizá la prueba más evidente que estás en la tierra prometida que tanto buscabas, pues tales tentaciones son peculiares en ella; por lo tanto, nunca debes permitir que te traigan dudas en cuanto a tu experiencia cristiana.

El segundo error no es tan fácil extirparlo. Parece que no vale la pena decir que la tentación no es pecado y, sin embargo, el mal entendimiento de esta verdad trae muchas tristezas. La sola sugestión de mal, pa-

101

rece que nos ha contaminado; así es que la pobre alma tentada comienza a sentirse mala y alejada de Dios, por haber tenido tales pensamientos y sugestiones. Es como si algún ladrón hubiera penetrado en alguna casa para hacer sus fechorías, y cuando su propietario le resistiera y expulsara, el maleante le acusara de querer robar. Es una de las más grandes artimañas del enemigo para engañarnos. El viene y nos sugiere algo malo, dudas, blasfemias, celos, envidia y orgullo y luego nos rodea y dícenos: "¡Oh, qué depravado debes ser para pensar tales cosas! ¡Cómo se ve que no has estado confiando en el Señor, porque si así hubiera sido, no hubieras estado pensando tales cosas!" Y esto nos parece tan razonable, tan plausible, que lo aceptamos como si verdaderamente fuera nuestro, y así venimos bajo condenación y nos desalentamos completamente; y así le es fácil a la tentación, llegar a ser pecado actual. Una de las cosas más fatales en esta vida de fe, es el desaliento; una de las más eficaces la confianza. Un hombre sabio, dijo, que para vencer la tentación no hay como la confianza primeramente, segundo confianza, y confianza tercero. Hemos de esperar ser vencedores. Esto es porque el Señor dijo tan a menudo a Josué: "Esfuérzate y sé valiente, no temas ni desmayes; sólo que te esfuerces y seas valiente." Y esta es la razón por la cual El nos dice: "No se turbe vuestro corazón ni tenga miedo" (Juan 14:27). El poder de la tentación, está en el desaliento de nuestros corazones. El enemigo sabe esto muy bien, y siempre comienza sus asaltos con desanimarnos, si él puede llevarlo a cabo.

Este desánimo se produce a veces por lo que pensamos, es una tristeza justa y un disgusto con nosotros mismos por sernos tales cosas una tentación. Pero en realidad, es un dolor que proviene de que hemos sido culpables de ocuparnos en una alabanza secreta de nosotros mismos, pensando que todos nuestros gustos eran tan puros o nuestra separación del mundo demasiado completa para que tales cosas pudieran tentarnos.

Nos desanimamos, porque hemos esperado algo de nosotros mismos y hemos sido penosamente descorazonados al no encontrar lo que esperábamos.

Esta mortificación y desánimo que pueden presentarse con apariencias de verdadera humildad, producen una condición realmente peor que la misma tentación, pues es el amor propio herido. La verdadera humildad, puede soportar una revelación de su debilidad completa y frivolidad, porque sabe que su única esperanza y fuerza están en Dios. Por esta razón, en lugar de desanimar al alma humilde, tal revelación le lleva a una confianza más profunda y más completa. Pero la falsa humildad, que es producida por el amor propio, lleva al alma al abismo del desánimo incrédulo, y la sumerge en el pecado por el cual está tan angustiada.

Hay una alegoría que ilustra claramente esta verdad. Satanás convocó un concilio de todos su siervos, para investigar la manera en que podrían hacer pecar a un buen hombre. Uno de los espíritus demoniacos se levantó y dijo: "Yo le haré pecar." "¿Cómo lo harás?" replicó Satanás. "Le presentaré los placeres del pecado," fué la respuesta; "le diré las delicias que produce y las grandes recompensas que trae." "¡Ah!" dijo Satanás: "eso no le hará nada; él lo ha probado y como sabe mejor, no lo hará." Entonces otro demonio se levantó y dijo: "Yo le haré pecar." "¿Qué harás tú?" le preguntó Satán. "Le diré de las penas y de las tristezas de la virtud, que ésta no trae placer ni recompensa." "Eso menos," dijo el diablo, "porque él lo ha probado y sabe que todos sus caminos son deleitosos y todas sus veredas paz" (Proverbios 3:17). "Bien," dijo otro, "yo me encargo de hacerle pecar." "¿Y cómo?" preguntó nuevamente Satán. "Yo le desanimaré," fué su breve respuesta. "Bien hecho, eso sí que lo hará," gritó Satanás, "vamos a vencerle ahora."

Un antiguo escritor dijo: "Todo desánimo es del diablo;" y desea que cada cristiano tenga esto como lema y reconozca la necesidad imperiosa de huir del desaliento como de cualquier otro pecado.

Pero si fallamos en reconocer la verdad acerca de las tentaciones, evitar el descorazonamiento es imposible, porque si fuéramos culpables por ellas, nada podríamos esperar mas que desánimo. Pero no es así; nosotros no somos culpables. La Biblia dice: "Bienaventurado el varón que sufre la tentación" (Santiago 1:12), y nos exhorta, "tened por sumo gozo cuando cayereis en diversas tentaciones." Por lo tanto, la tentación no puede ser pecado. Y la verdad es, que no es más pecado el sentir estas sugestiones malas en nuestras almas, que el oir las blasfemias de un mal hombre al pasar por la calle. El pecado viene en uno y otro caso, si nos unimos a ellos. Si cuando vienen las malas sugestiones, las rechazamos en seguida, como haríamos con una mala conversación y ni aun les prestamos atención, no hay pecado. Pero si las llevamos a nuestras mentes y las gustamos y consentimos voluntariamente en ellas como si fueran verdad, entonces pecamos. Podemos ser instigados por las tentaciones mil veces al día, pero sin pecado, y como nada podemos hacerle a estas instigaciones, no somos culpables por ellas. Pero si comenzamos a pensar que son pecados actuales de nuestra parte, la mitad de la batalla ya está perdida y fácilmente el pecado ganará la más completa victoria.

En cierta ocasión una señora muy querida, vino a verme con mucha congoja espiritual, por no haber entendido esto. Había llevado felizmente la vida de fe por un tiempo, y habiendo sido libre de tentaciones, casi comenzó a creer que nunca volvería a ser tentada. Pero de repente, la asaltó una clase especial de tentación, que la horrorizaba. Desde el instante en que comenzaba a orar, toda clase de pensamientos malos le venían a la mente. Ella había vivido una vida de protección e inocencia, y estos pensamientos parecíanle tan malos que sentíase una de las más depravadas pecadoras. Comenzó a pensar que posiblemente ella no había sido santificada, y concluyó por pensar que nunca se había convertido. Su alma estaba en la agonía de la desesperación. Yo le dije que estos pensamientos malos eran simplemente tentaciones, y que ella no era culpable en absoluto por su causa; ella nada podía hacer, lo mismo que si oyera las blasfemias de un hombre en su presencia. La urgí a que solamente las tratara como tentaciones y que no se culpara o desanimara por eso; pero que volviera al momento al Señor y se las encomendara a El. Le mostré la gran ventaja que había ganado el enemigo al hacerla pensar que tales pensamientos se originaban en ella, sumergiéndola en condenación y desánimo. Le aseguré que hallaría completa victoria en no hacerles caso, y que como ignorando su presencia, les volviera la espalda y mirara al Señor.

Comprendió la verdad, y a la siguiente vez que los blasfemos pensamientos volvieron, dijo interiormente al enemigo: "Yo te conozco ahora. Tú me sugieres malos pensamientos que yo aborrezco. Nada tendré que hacer con ellos. El Señor es mi ayudador; llévaselos a El y pónlos en su presencia." Inmediatamente el enemigo, hallándose descubierto, huyó confuso, dejando su alma en completa libertad.

Otra cosa de importancia. Nuestros enemigos espirituales saben que si un cristiano reconoce que la mala sugestión proviene de ellos, mucho más rápido la expulsará que si piensa que es de su propia mente. Si el diablo comenzara cada tentación con las palabras: "Yo soy el diablo tu despiadado enemigo; he venido para hacerte pecar," supongo que no tendríamos el menor deseo de obedecer sus sugestiones. Tiene que esconderse para que su cebo tenga atracción. Y ganaremos con más facilidad la victoria si no ignoramos sus maquinaciones, sino las reconocemos en cuanto se presentan.

También incurrimos en otra equivocación con las tentaciones, al pensar que el tiempo empleado en combatirlas, es perdido. Las horas pasan y parece que no hemos progresado, porque hemos sido asaltados por malas insinuaciones. Pero a menudo sucede que hemos estado sirviendo a Dios durante ese tiempo con más fidelidad que en períodos de comparativa ausencia de tentaciones. Porque cuando las confrontamos, estamos peleando las batallas del Señor. Y las horas en tales circunstancias se transforman en días. Leemos, "Bienaventurado el hombre que sufre la tentación;" esto significa sufrirla en su continuidad así como en su repetición frecuente. Nada cultiva tanto la gracia de la paciencia como el sufrir la tentación y nada lleva al alma a una completa y absoluta dependencia del Señor Jesús como su continuidad. Y finalmente nada trae más alabanza, honor y gloria a Dios mismo, que la prueba de nuestra fe que se efectúa por las tentaciones. Se nos dice que es "más preciosa que el oro, aunque sea probada con fuego" y que los que pacientemente soportamos la prueba, recibiremos nuestra recompensa: "la corona de vida que Dios ha preparado a los que le aman."

Por esta razón, no podemos extrañarnos de la exhortación con la cual el Espíritu Santo abre el libro de Santiago: "Contad por sumo gozo cuando cayereis en diversas tentaciones, sabiendo que la prueba de vuestra fe obra paciencia. Mas tenga la paciencia perfecta su obra, para que seáis perfectos y cabales sin faltar en ninguna cosa" (Santiago 1:2-4).

La tentación es uno de los instrumentos permitidos

106

claramente por Dios, para completar nuestra perfección y así las mismas armas del pecado se vuelven contra sí mismas y podemos ver "que todas las cosas (aun las tentaciones), obran para bien de los que a Dios aman."

Creo que es casi innecesario decirles a quienes me dirijo, que la victoria sobre la tentación es solamente por la fe, porque éste es el fundamento sobre el cual descansa nuestra vida. Nuestro gran lema es: "Nada somos; Cristo es todo," y siempre y por doquier hemos comenzado andando, venciendo y viviendo por la fe. Hemos hallado que somos completamente incapaces y que nada podemos hacer por nosotros mismos; y por lo tanto, hemos aprendido que el único modo de vencer es poner las tentaciones en sus manos para que El nos dé la victoria. Pero cuando las ponemos en sus manos, debemos dejarlas allí. Creo que ésta es la mayor dificultad. Parece imposible que el Señor maneje nuestras tentaciones sin nuestra ayuda, especialmente cuando no desaparecen inmediatamente. Andar pacientemente sufriéndolas en su continuidad, sin ceder y sin movernos de las manos del Señor, es una maravillosa victoria sobre nuestras naturauezas impacientes: pero una victoria que debemos ganar si queremos agradar a Dios.

Debemos encomendarnos realmente al Señor para la victoria sobre nuestras tentaciones como lo hemos hecho para recibir el perdón y debemos quedarnos en sus manos tanto en uno como en otro caso.

Millares de hijos de Dios han hecho esto y pueden testificar hoy día las maravillosas victorias que han ganado sobre innumerables tentaciones y "que han sido hechos más que vencedores por medio de Aquel que los amó."

Pero no puedo por ahora ocuparme de esta parte del asunto, porque mi objeto es presentar la tentación en su verdadera luz y no tanto vencerla. Deseo que las almas fieles y conscientes sean libradas de la esclavitud en la cual seguramente caerán si no entienden bien la naturaleza y dirección de las tentaciones y las confunden con el pecado. Cuando la tentación es reconocida como tal podemos decir en seguida: "Véte de mí" y podremos andar con paz triunfante en medio de los más fieros ataques del enemigo; sabiendo que "vendrá el enemigo como río, mas el espíritu de Jehová levantará bandera contra él" (Isaías 59:19).

Capítulo 11

Fracasos

Quizá, este pequeño título hará que muchos queden asombrados. ¡Fracasos! dirán, ¡pensábamos que ya no había fracasos en esta vida de fe!

Responderé a esto que no son necesarios, pero en realidad los hay y tenemos que tratar con hechos y no con teorías. Ningún predicador de esta verdad, **que** realmente conozca la doctrina, enseña que es imposible pecar; solamente insisten en que el pecado cesa de ser una necesidad y que hay delante de nosotros una posibilidad de continua victoria. Pero hay muy pocos, si es que los hay, que no confiesan de acuerdo con su experiencia, que algunas veces han sido vencidos por una tentación momentánea.

Por supuesto, queda entendido que al hablar de pecado, me refiero al pecado voluntario. No hablaré de pecados de ignorancia, o pecados inevitables de nuestra naturaleza, como también se les llama, porque éstos están cubiertos por la sangre expiatoria de Cristo y no impiden nuestra comunión con Dios. No abrigo el deseo, ni tengo la capacidad, para tratar las doctrinas concernientes al pecado; esto lo dejaré para que lo discutan y lo dejen asentado los teólogos, Mientras tanto, hablaré de la experiencia de los creyentes en este asunto.

Hay muchas cosas que hacemos inocentemente, hasta que la luz va en aumento y nos muestra lo erróneo; las tales deben ser clasificados como pecados de ignorancia y como la caída en ellos es por falta de conocimientos, no nos traen condenación alguna; éstos no entrarán en esta discusión.

Un incidente del que fuí testigo ocular nos vendrá como ilustración de lo escrito en el párrafo anterior. Una calurosa tarde de verano, una niñita jugaba en la sala de lectura, mientras el padre descansaba en un sofá. Llamó la atención de la chiquilla un hermoso tintero que estaba sobre el escritorio y notando que nadie la observaba, lo tomó valiéndose de una silla para alcanzarlo. Entonces no hizo más que llegar hasta donde su padre estaba, desapercibido y con aire de triunfo infantil y en medio de bulliciosa risa de regocijo volcó la tinta sobre la blanca pechera de la camisa de su papá, deleitándose en ver como corría por ella la negra corriente.

Por supuesto que ésta es una cosa bastante mala y que una niña no debe hacer, pero no puede llamársele pecado, puesto que ella no lo sabía. Si la niña hubiera sido mayor y hubiera sabido que ése no era el objeto de la tinta, entonces hubiera sido pecado. "El pecado, pues, está en aquel que sabe hacer lo bueno y no lo hace" (Santiago 4:17); por lo tanto, deseo dejar bien aclarado que todo lo referente al pecado en este capítulo, sólo implica el que se comete conscientemente.

La falta de comprensión del pecado conocido o consciente, abre el camino para grandes peligros en esta vida de fe. Cuando un creyente, que cree haber sido santificado, se encuentra sorprendido por el pecado, se ve tentado por el desánimo a abandonarlo todo por creerlo perdido; o bien, para preservar la doctrina sin reproche, siente la necesidad de encubrirlo, llamándolo flaqueza, rehusando ser franco y confesarlo. Tanto uno como otro procedimiento son fatales para el crecimiento y progreso en la vida de santidad. El único modo recto de proceder es confesarlo en seguida, llamándolo por su propio nombre y, si no es posible descubrir la causa de la caída y el remedio para evitarla. Esta vida de unión con Dios requiere la mayor honestidad para con El y para con nosotros mismos. La bendición interrumpida momentáneamente será realmente perdida por la actitud cubridora del pecado. Una caída repentina no es razón para desanimarme y dar todo por perdido. La integridad de nuestra doctrina no altera por eso, puesto que no estamos predicando un estado o condición, sino una vida de madurez espiritual. La santidad no es un lugar, sino un sendero. La santificación no es una cosa que una vez hallada en cierta etapa de nuestra experiencia, será poseída inevitablemente para siempre, sino una vida que hay que vivir, día tras día, y hora tras hora. Quizá por unos instantes nos extraviemos de la senda, pero como ésta no ha sido deshecha podemos volvernos a ella. Posible es que en esta vida y andar de fe haya fracasos momentáneos que, aunque tristes y dignos de ser deplorados, no implican necesariamente un cambio de actitud en cuanto a nuestra consagración y confianza, ni tampoco es menester que, por mucho tiempo, se interrumpa la feliz comunión con Dios.

El asunto de mayor importancia es que volvamos al Señor lo más pronto posible. Nuestro pecado no es una razón para dejar de confiar en El, sino un argumento incontestable que debemos hacerlo más que nunca. Cualquiera que sea la causa del fracaso, no hallaremos remedia en desanimarnos. De la misma manera en que un bebé que está aprendiendo a caminar, no debe si se cae, desesperarse y negarse a dar otro paso, tampoco debe el creyente que está aprendiendo a andar por fe, desmayar porque ha caído en pecado. El único modo de proceder, en ambos casos, es levantarse y tratar nueva-

111

mente. Cuando los hijos de Israel fueron tristemente derrotados en la pequeña ciudad de Hai, poco tiempo después de su entrada en la tierra de promisión, se desanimaron en tal forma que la Escritura nos dice: "Por lo que se disolvió el corazón del pueblo y vino a ser como agua. Entonces Josué rompió sus vestidos y postróse en tierra sobre su rostro delante del arca de Jehová hasta la tarde, él y los ancianos de Israel y echaron polvo sobre sus cabezas. Y Josué dijo: ¡Ah, Señor Jehová! ¿Por qué hiciste pasar este pueblo el Jordán, para entregarnos en las manos de los Amorrheos, que nos destruyan? ¡Ojalá nos hubiéramos quedado de la otra parte del Jordán! ¡Ay, Señor! ¿Qué diré, ya que Israel ha vuelto sus espaldas delante de sus enemigos? Porque los Cananeos y todos los moradores de la tierra lo oirán y nos cercarán y raerán nuestro nombre de sobre la tierra; entonces, ¿qué harás tú a tu grande nombre?" (Josué 7:5-9).

¡Qué palabras de desesperación fueron éstas! Y cuán exactamente, hoy día, son repetidas por muchos hijos de Dios cuyos corazones, a causa de fracasos, se disuelven y vienen a ser como agua y exclaman: "¡Ojalá nos hubiéramos quedado de la otra parte del Jordán!" exponiéndose a peores fracasos y aun a derrotas completas. No hay duda que Josué pensó entonces como lo hacemos hoy, que el desánimo y la desesperación eran las únicas cosas propias y seguras después de tal derrota, pero Dios pensó de otra manera: "Y Jehová dijo a Josué: levántate, ¿por qué te postras así sobre tu rostro?" Lo que debían hacer, no era entregarse a la desesperación, aunque parece algo humilde, sino reconocer el mal en seguida, abandonándolo, y "santificarse de nuevo" y sin demora.

"¡Levántate, santifica al pueblo!" es lo que siempre el Señor ordena. "Ríndete y desanímate," es siempre nuestra tentación. Nos parece que es presuntuoso y aun impertinente volver en el mismo instante al Señor contra quien hemos pecado. Imaginamos que debemos sufrir por un poco de tiempo primeramente, recibiendo los aguijonazos de nuestras conciencias acusadoras y apenas podemos creer que el Señor nos reciba tan pronto a su amor y comunión íntima.

Una niñita me lo expresó en cierta ocasión con infantil candor. Interrogó si el Señor siempre perdona nuestros pecados tan pronto como le pedimos; yo le respondí: "Sí, es cierto, El lo hace." "¿Es posible?" me preguntó con duda. "Sí," le repliqué, "en el preciso instante que le pedimos el perdón El nos perdona." "Bueno," me dijo deliberadamente, "yo no puedo creer eso. Pienso que nos hará sentir tristes por varios días; entonces debemos pedírselo muchas veces y con un buen vocabulario. Me parece que es la forma en que El nos perdona y usted no puede hacerme creer que lo hace en el momento, aunque la Biblia lo diga." Esta niña solamente expresó la creencia de la mayoría de los creyentes y lo que es peor, lo que la mayor parte hace, permitiendo que su remordimiento les aparte más de Dios que el mismo pecado en que incurrieron. Sin embargo, esto es tan contrario a la manera que nosotros deseamos que nuestros hijos se conduzcan, que yo no puedo entender cómo se puede haber concebido tal idea acerca de nuestro Dios. ¡Cómo se entristece una madre cuando uno de sus hijos desobedientes se separa en remordimiento desesperado, dudando del deseo materno de perdonarle; y cómo, por el contrario, su corazón se llena de la amorosa bienvenida de amor para el pequeño que, arrepentido, corre en busca del perdón! Seguramente que Dios tiene ese amor cuando nos ha dicho: "¡Convertíos, hijos rebeldes, y yo sanaré vuestras rebeliones!"

La verdad es que en el momento que tenemos conciencia de pecado, debemos confesarlo y buscar el perdón. Esto es algo esencial para poder llevar una carrera firme en esta vida escondida con Cristo en Dios y ni aun un instante debe ser tolerada nuestra separación del Señor.

En este sendero solamente podemos continuar "mirando a Jesús," momento tras momento y, si nuestros ojos se apartan de El, para mirar a nuestro pecado, o debilidad, perderemos el camino en seguida. Por lo tanto, el creyente que ha entrado en esta vida de fe y santidad, cuando se ve sorprendido por el pecado, la primera cosa que debe hacer es acudir inmediatamente al Señor en demanda de perdón. Debe poner en práctica lo que dice en 1 Juan 1:9: "Si confesamos nuestros pecados El es fiel y justo para que nos perdone nuestros pecados y nos limpie de toda maldad." No debe ocultar su falta y envolverla con excusas, o tratar de olvidarla, sino hacer como hicieron los hijos de Israel, "levantáronse temprano en la mañana y corrieron hacia el lugar donde el mal permanecía oculto y sacándole, pusiéronle delante del Señor." Debe confesar sus pecados y entonces, por decirlo así, quemarlos echándolos completamente de sí y levantar sobre ellos un montón de piedras para cubrirlos para siempre de su vista; entonces debe creer de acuerdo con las Sagradas Escrituras que Dios es fiel y justo para perdonarle y limpiarle de toda maldad. Por la fe debe clamar el perdón y limpieza inmediatos y confiar entonces, más que lo hizo en el pasado.

Tan pronto como el pecado de Israel fué sacado a la luz y quitado, la Palabra de Dios vino otra vez en un mensaje de gloriosa animación: "No temas ni desmayes; mira, yo he entregado en tu mano al rey de Hai y a su pueblo y a su ciudad y a su tierra." Es entonces cuando debe aumentarse nuestro valor y debemos hacer una entrega más completa al Señor, para que con su poder

114

pueda "obrar en nosotros el querer y el hacer de su buena voluntad." Tan pronto como lo hemos confesado y obtenido el perdón, debemos olvidar nuestro pecado. No debemos pensar en él y examinarlo por todos lados y transformarlo en una montaña que nos oculte a Dios. Sigamos el ejemplo de Pablo que dijo: "olvidando lo que queda atrás y extendiéndome a lo que está delante, prosigo al blanco, al premio de la soberana vocación de Dios en Cristo" (Filipenses 3:13-14).

Permitidme presentaros dos ilustraciones opuestas. Una la tendremos en un piadoso cristiano, obrero de la iglesia. Durante varios meses había llevado una vida de gran gozo y paz. De pronto fué vencido por una tentación, tratando mal a un hermano. Como había creído que al santificado le era imposible volver a pecar, sumergióse en el abatimiento más profundo y errando, concluyó por creer que nunca había sido santificado. El desánimo aumentó más y más, hasta transformarse en desesperación; por fin pensó que nunca se había convertido y teníase por un hombre perdido. Pasí así tres miserables años, alejándose cada vez más de Dios, cayendo de un pecado a otro, haciendo que su vida fuese una maldición para él y para los demás. Bajo tan terrible carga se enfermó y hubo temor de que perdiera la razón. Mas al fin de los tres años, halló a una señora cristiana, la cual le explicó el asunto del pecado. Al rato de haberse iniciado la conversación descubrió la dificultad y le dijo: "Usted pecó en aquella ocasión; de eso no hay duda y yo no quiero que usted lo disculpe, pero, ¿nunca lo ha confesado al Señor pidiéndole perdón?" "¡Confesarlo!," exclamó, "pero si no he hecho otra cosa noche y día durante estos tres tenebrosos años." "Y nunca creyó usted que El le perdonaba?" interrogóle la señora. "No," contestó el pobre hombre; "¿Cómo puedo creerlo si no siento que El lo ha hecho?" "Supóngase que El le hubiera dicho que le perdonaba, ¿no hubiera tenido para usted el mismo valor que si lo hubiera sentido?" "Oh, sí," replicó, "si Dios me lo hubiera dicho, seguramente lo hubiera creído." "Muy bien, El lo dice," fué la respuesta de la señora y abrió la Biblia, en 1 de Juan 1:9, leyéndolo en voz alta. "Ahora bien, usted ha estado durante tres años confesando y pidiendo el perdón de su pecado, mientras que Dios ha estado declarando que si lo hacemos, El es fiel y justo para perdonarnos y limpiarnos de toda maldad; no obstante, usted no lo ha creído. Todo este tiempo usted ha estado haciendo a Dios un mentiroso por no creer su Palabra."

El pobre hombre vió la realidad y quedóse mudo de espanto y consternación y cuando la señora le propuso que se arrodillara y confesara a Dios su pecado y su incredulidad anterior, accedió confuso y al momento pidió al Señor que le perdonara y limpiara su pecado. El resultado fué glorioso; la luz penetró y desaparecieron las tinieblas y comenzó a alabar a Dios en voz alta por la preciosa libertad que había obtenido. Por la fe, su alma pudo en pocos minutos echar una mirada retrospectiva al camino por el cual había andado durante tres años, habiendo hallado descanso en el Señor y regocijo en su salvación.

El otro caso es el de una señora cristiana que hacía pocas semanas que había entrado en la tierra prometida en la cual había gozado de la victoria. Pero un día fué vencida por un violento ataque de ira. En seguida, parecióle como si una corriente de desánimo pasara por su alma. La tentación vino: "ahora esto es una prueba de que todo es un error; has estado engañada con eso de la santificación; esto es una prueba de que nunca has sido santificada. Es mejor abandonarlo todo, porque nunca podrás hacer una consagración más completa de la que hiciste ni tampoco confiar en una manera tan cabal;

¡claro es que esto no es para tí!" Tales pensamientos atravesaron su mente cual rayo; pero ella había sido enseñada en los caminos del Señor y en seguida dijo: "Sí, he pecado y lo lamento bastante; pero la Biblia dice que si confesamos nuestros pecados El es fiel y justo para que nos perdone nuestros pecados y nos limpie de toda maldad; y yo creo que El lo hará. Ella no demoró ni un momento y aun roja por la ira, corrió a su pieza, quedóse sola y arrodillándose al lado de la cama, oró: "Señor, te confieso mi pecado; he pecado y aun ahora estoy pecando; este hecho me es aborrecible, pero no puedo deshacerme de él; te lo confieso con vergüenza y confusión de rostro. Mas creo que de acuerdo con tu Palabra, me perdonas y también me limpias." Oraba en voz alta porque su lucha interior era tal, que no hubiera podido hacerlo silenciosamente. Pero tan pronto como hijo: "me perdonas y me limpias," halló la libertad. El Señor dijo, "sea la paz" y ésta vino a su corazón. La luz y el gozo inundaron su alma, el enemigo huyó, y ella fué más que vencedora por medio de Aquel que la amó. No transcurrieron cinco minutos entre el pecado y su perdón y entonces, más que nunca, sus pies se afirmaron en las benditas sendas de la santidad. Así, "el valle de Achor" fué para esta señora una puerta de esperanza (Oseas 2:15), pidiendo cantar de las veras de su corazón: "Cantaré al Señor porque El se ha magnificado grandemente."

La verdad es que después de todo, el único remedio para cada emergencia, es confiar en el Señor. Y si esto es lo único que debemos hacer y podemos hacerlo, ¿no es mejor hacerlo en el momento de necesidad? A menudo me he afirmado por la pregunta, ¿qué puedo hacer yo sino confiar? y he hallado que es la única forma de encontrar la anhelada libertad. Otras veces he he animado con estas palabras: "al fin de todo, tengo que

117

llegar a la sencillez de la confianza, ¿por qué no he de confiar desde el principio? Hemos entrado a una vida de fe, y si fallamos el remedio está en aumentar nuestra fe y no en el desaliento.

Si te ocurre algún fracaso, haz que éste te lleve inmediatamente al Señor, con un rendimiento y confianza completos. Si lo haces así, encontrarás que si bien la caída ha sid otriste, la dulce comunión con el Señor no ha sido interrumpida por mucho tiempo.

Cuando confrontamos una caída en esta manera, no es tan fácil repetirla; pero lo será si dejamos pasar el tiempo en remordimientos y desesperación. Y si aun así llegara a suceder, tratémosla del mismo modo, hasta que lleguemos a ser vencedores. Hay algunas almas dichosas que aprenden las lecciones muy pronto; pero la bendición viene también para las que dan pasos lentos y ganan la victoria gradualmente.

Habiendo expuesto la manera de librarnos de fracasos, diré ahora algunas de las causas que los motivan en esta vida de plena salvación. Las causas no residen en el poder de las tentaciones, ni en nuestra debilidad y menos en la falta de poder y voluntad de nuestro Salvador. La promesa hecha a Israel era positiva. "Nadie te podrá hacer frente todos los días de tu vida" (Josué 1:5), y la promesa para nosotros igualmente es: "Mas fiel es Dios, que no nos dejará ser tentados más de lo que podéis llevar; antes dará también juntamente con la tentación, la salida para que podáis aguantar" (1 Corintios 10:13). Los habitantes de Hai no eran sino "unos pocos" y no obstante la misma gente que tomó la poderosa Jericó, fué vencida por los de Hai. No eran las fuerzas de sus enemigos, ni porque Dios hubiera faltado. La causa de la derrota, estaba en otro lugar, pues el mismo Señor lo declaró: "Israel ha pecado, y aun han quebrantado mi pacto que yo les había mandado; pues han tomado del anatema y hasta han hurtado y también han mentido y lo han guardado entre sus enseres. Por esto los hijos de Israel no podrán estar delante de sus enemigos, sino que delante de sus enemigos volverán las espaldas" (Josué 7:11-12). Un mal oculto les había vencido. Entre este ejército tan numeroso había algo escondido en una pequeña carpita y debajo de la tierra, lo cual siendo contrario a la voluntad de Dios les hizo caer delante de sus enemigos. "Anatema hay en medio de tí, oh Israel; no podrás estar delante de tus enemigos hasta tanto que hayáis quitado el anatema de entre vosotros" (Josué 7:13).

Esta lección es muy simple. Cualquier cosa, por pequeña que sea, oculta en el corazón y contra la voluntad de Dios, nos hará caer delante de nuestros enemigos. Cualquier raíz de amargura consciente alimentada contra alguno, cualquier interés privado o juicios fuertes, falta en obedecer la voluntad de Dios, costumbres o circunstancias dudosas, cualquiera de estas cosas, permitidas conscientemente, mutilarán y paralizarán nuestra vida espiritual. Puede ser que el mal esté escondido en el lugar más recóndito del corazón y aun tenerlo cubierto (o así lo pensamos), rehusándonos a reconocer su existencia, pero en lo íntimo sabemos que está allí. Podemos persistir en hablar de consagración y confianza completa; podemos ser más celosos que nunca en nuestros deberes religiosos y tener nuestros ojos más y más abiertos a las bellezas de esta vida de fe; quizá nos parezca y aun a los demás que hemos alcanzado una victoriosa posición y, sin embargo, hallarnos vencidos por amargos fracasos. Podemos sorprendernos, interrogarnos, desesperarnos y orar. Nada nos hará bien alguno hasta que el mal sea quitado de su escondite y sacado a la luz delante de Dios.

Por esta razón, desde el momento que el hijo de Dios

santificado halla que ha faltado en algo, debe investigar cuál es la causa, no en la fuerza de su enemigo particular, sino en algo que hay detrás de todo, algo que en el momento de la consagración estaba oculto en lo profundo de nuestros corazones. En la misma manera que un dolor de cabeza no es la enfermedad sino uno de sus síntomas, el fracaso de un cristiano es solamente síntoma del mal escondido en su ser.

A veces, el mal se halla oculto en apariencias de bien. Rodeado por un color de celo por la verdad, puede estar escondido un espíritu de crítica o disposición astuta de nuestros entendimientos. Con la apariencia de fidelidad cristiana, puede ser que se oculte la falta de amor. Bajo la apariencia del justo arreglo de nuestros asuntos, puede ocultarse la falta de confianza en Dios. Yo creo que nuestro bendito Guía, el Espíritu Santo que mora en nosotros, secretamente nos descubre siempre estas cosas con represiones continuas y agonías de conciencia, de manera que quedamos sin excusa. Pero es muy fácil sofocar su suave voz e insistir que andamos en rectitud mientras que el mal fatal continúa escondido y va a conducirnos a las más inesperadas derrotas.

Una ilustración muy al caso fué lo que sucedió una vez en mi casa. Estábamos por mudarnos y al examinar si la casa nueva estaba en condiciones para ocuparla, hallé en el sótano un barril que parecía limpio y con las dos bases cerradas; no sabía qué hacer, si sacarlo de allí para ver su contenido o dejarlo, pues después de todo no molestaría y, además, no era trabajo fácil sacarlo de allí. Aunque no quedé conforme con mi razonamiento, allí quedó el barril.

Cada año, en la primavera y en el otoño, llegaba el tiempo de la limpieza general y me parecía que ésta no era perfecta, mientras permanecía así aquel barril. ¿Cómo podía saber que no contenía oculto nada malo, aunque por fuera parecía tan limpio? Por dos o tres años hice a un lado mis escrúpulos y lo dejé. De repente y sin saber de donde venía, todo en nuestra casa se llenó de polilla. Hice todo lo posible para detenerla y exterminarla, pero en vano. Más y más fué aumentando hasta que amenazó destruir todas las cosas de la casa. Sospeché que vendría de las alfombras y las limpié bien, así como todos los muebles, de los cuales también abrigaba sospechas. En fin, supuse toda clase de cosas imposibles. Por último, acordéme del barril. Lo sacamos y, al abrirlo un poco, no exagero en decir que salían las polilas por millares. Sin duda, los vecinos anteriores guardaron allí algo que la produjo y que me molestó tanto.

Ahora bien, yo creo que en la misma manera, hay cosas que parecen inocentes, pero que nuestras conciencias no las aprueban, cosas que no han sido traídas a la luz para examinarlas a la vista escudriñadora de Dios las cuales son causa de los fracasos en esta vida de fe. Todo no está rendido. Hay algún rincón secreto en el cual no se le permite la entrada a Dios. Algo malo está oculto en lo recóndito del corazón y por eso no podemos permanecer delante de nuestros enemigos, pero nos confundimos en su presencia.

Para prevenir un fracaso, o si ya hemos incurrido en él, procuremos descubrir la causa orando continuamente: "Examíname, oh Dios, y conoce mi corazón; pruébame y reconoce mis pensamientos y ve si hay en mí camino de perversidad y guíame en el camino eterno" (Salmos 139:23-24).

Amados cristianos, os ruego que no penséis que porque haya escrito sobre los fracasos yo crea que es necesario caer en ellos. No hay necesidad de fracasar, repito. Según su propia declaración, el Señor Jesús es poderoso para librarnos de las manos de todos nuestros enemigos para "que le sirvamos sin temor, en santidad y en justicia delante de El, todos los días nuestros" (Lucas 1:74-75). Día y noche, oremos: "Señor, guárdanos del pecado y haznos testigos de tu poder para salvar hasta lo último." Y que no quedemos satisfechos hasta que seamos flexibles en sus manos y hayamos aprendido a confiar en El para que pueda hacernos "aptos para toda buena obra, para que hagamos su voluntad, haciendo El en nosotros lo que es agradable delante de El, por Jesucristo, al cual sea gloria por los siglos de los siglos. Amén" (Hebreos 13:21).

Capítulo 12

¿Está Dios en los Acontecimientos de la Vida?

Uno de los obstáculos más grandes para tener una experiencia firme, es la falta de reconocer a Dios en los distintos eventos de la vida. Muchos dicen: "Bien puedo someterme a todas las cosas que vienen de Dios, pero no a las que vienen por causa de los hombres; con todo, la mayor parte de mis pruebas y cruces me vienen por instrumentos humanos." Otros dicen: "Es muy bueno hablar de confiar, pero cuando yo le encomiendo algo al Señor, es seguro que el hombre se interpone y lo deshace todo y mientras yo no hallo obstáculo alguno para confiar en Dios, las dificultades son muy serias cuando se trata de confiar en seres humanos."

Esta prueba no es imaginaria, pero es de vital importancia y si no se puede confrontar, hace que la vida de fe, sea un imposible y una mera teoría; porque la mayor parte de las pruebas nos vienen por instrumentos humanos y, algunas veces, como resultado de sus fracasos, ignorancia, descuido o pecado. Sabemos que Dios no es el autor de estas cosas y mucho menos el agente de ellas; ¿cómo podemos, refiriéndonos a las tales, decirle: "Sea hecha tu voluntad?"

Y después de todo, ¿de qué sirve encomendar a Dios nuestros asuntos, si al fin viene el hombre y lo deshace todo? y ¿cómo es posible vivir por la fe, si personas en quienes sería erróneo confiar, van a ejercer una in-

123

fluencia amoldante en nuestras vidas? Por otra parte, las cosas en las cuales podemos ver la mano de Dios aunque nos hieran, siempre tienen una dulzura que nos consuela; pero las pruebas infligidas por los humanos están nada más que llenas de amargura.

Entonces lo que necesitamos, es ver la providencia de Dios en todas las cosas y recibirlas directamente de sus manos y sin intermediar "segundas causas." Esto es justamente lo que debemos hacer, para poder gozar de la experiencia de sumisión y confianza completa. Debemos someternos a Dios y no a los hombres y nuestra confianza debe estar cifrada en Dios y no en "brazos humanos," porque de otra manera fracasaremos en la primera prueba.

El asunto que ahora nos confronta es el siguiente: ¿tenemos base escritural para creer que Dios está en todos los eventos de nuestra vida y para recibir como de su mano todas las cosas, sin considerar aun los instrumentos por los cuales nos llegan? Sin vacilación respondo afirmativamente. Para los hijos de Dios, todas las cosas vienen directamente de las manos de su Padre celestial, sean cuales fueren los agentes que intervienen. Para ellos no hay "causas secundarias."

Las Santas Escrituras lo afirman e implican. Ni un pajarillo cae sin ser visto por nuestro Padre. Los cabellos de nuestra cabeza están todos contados. No debemos afanarnos por ninguna cosa, porque nuestro Padre cuida de nosotros. No debemos vengarnos nosotros mismos, porque nuestro Padre se encarga de nuestra defensa. No debemos tener temor, porque el Señor está a nuestro lado. El es por nosotros, nadie puede vencernos. El es nuestro Pastor, nada de lo que nos sea necesario, nos faltará. Cuando pasemos por las aguas, no nos anegarán y cuando andemos por el fuego, no nos

124

quemará, porque El estará con nosotros. El cierra las bocas de los leones para que no nos devoren. El libra y rescata. El es el que muda los tiempos y las estaciones; quita y pone reyes. El corazón del hombre está en sus manos y como ríos de agua El lo inclina donde quiere. El domina los reinos de los incrédulos y en sus manos hay poder y fortaleza de modo que nadie puede oponérsele. El tiene dominio sobre la bravura de la mar; cuando se levantan las olas, El las detiene. Hace nulo el consejo de las gentes y frustra las maquinaciones de los pueblos. Todo lo que quiso Jehová ha hecho en los cielos y en la tierra, en los mares y en los abismos. He aquí estas son partes de sus caminos, mas cuán poco se ha oído de El. Porque el estruendo de su fortaleza, ¿quien lo detendrá? "¿No has sabido, no has oído que el Dios del siglo es Jehová el cual crió los términos de la tierra? No se trabaja ni se fatiga con cansancio y su entendimiento no hay quien lo alcance" (Isaías 40:28).

Y el mismo Dios nos ha declarado que es "nuestro refugio y fortaleza, nuestro pronto auxilio en las tribulaciones. Por tanto, no temeremos aunque la tierra sea removida, aunque se traspasen los montes al corazón de la mar. Bramarán, turbaránse sus aguas, temblarán los montes a causa de su braveza" (Salmos 46:1-3). "Diré yo a Jehová: Esperanza mío y castillo mío; Mi DIOS, en El confiaré. Y El te librará del lazo del cazador: de la peste destruidora. Con sus plumas, te cubrirá y debajo de sus alas estarás seguro: Escudo y adarga es su verdad. No tendrás temor de espanto nocturno ni de saeta que vuele de día; ni de pestilencia que ande en obscuridad, ni de mortandad que en medio del día destruya. Caerán a tu lado mil, y diez mil a tu diestra, mas a tí no llegará .... Porque tú has puesto a Jehová que es mi esperanza, al Altísimo por tu habitación. No te sobrevendrá mal ni plaga tocará tu morada. Pues que a sus ángeles mandará acerca de tí, que te guarden en todos tus caminos" (Salmos 91). Por lo tanto "estad contentos de lo presente, porque El dijo: No te dejaré ni te desamparé. De tal manera que digamos confiadamente: el Señor es mi ayudador, no temeré lo que me hará el hombre" (Hebreos 13:5-6).

Para mí estas Escrituras y muchas otras semejantes deshacen para siempre el asunto de "las causas secundarias" en la vida de los hijos de Dios. Estas están todas bajo el control de nuestro Padre y ninguna de ellas puede tocarnos, sólo con la excepción de que El en su infinita sabiduría las permita. Posiblemente sea el pecado del hombre que da origen a la acción y, por lo tanto, no puede decirse que ésta sea la voluntad de Dios, pero cuando la prueba nos llega, debemos aceptarla como su voluntad y como de sus manos. Ningún hombre, ni la multitud de ellos, ni poderes del cielo ni de la tierra, pueden tocar el alma que permanece con Cristo sin pasar primeramente por el círculo de su presencia y bajo su permiso. Si Dios es por nosotros, no importa quién pueda estar en contra; nada podrá turbarnos ni hacernos daño, solamente que El vea que es lo mejor para nosotros y entonces le abre el paso para que nos llegue.

Una buena ilustración la tenemos en el cuidado de un padre terrenal para con sus hijos indefensos. Si el niño está en los brazos de su padre nada podrá tocarle sin su consentimiento, excepto que el padre sea vencido por la debilidad de sus esfuerzos. Y si el caso lo requiere, expone primero su cuerpo a sufrimiento que permitírselo a su hijo. Si tal es el cuidado de un padre terrenal para sus hijos impotentes, ¡Cuánto mayor será el de nuestro Padre celestial, cuyo amor es infinitamente inmenso y su poder y sabiduría no pueden ser sobrepujados! Temo que algunos de los hijos de Dios le consideren apenas igual a ellos en su amor, ternura y cuidado y que secretamente le inculpen de indiferencia y negligencia de las cuales ellos no son capaces. La realidad es que su cuidado es infinitamente superior al que podrían prodigar todas las posibilidades humanas. Y El, que cuenta todos los cabellos de nuestra cabeza y que lleva en cuenta la caída de un pájaro se preocupa de las cosas más pequeñas que puedan afectar la vida de sus hijos y sea cual fuera su origen, las dispone según su propia voluntad.

La Biblia nos cita numerosos casos del cuidado de Dios para con sus hijos. Por ejemplo José. ¿Qué puede tener a primera vista más apariencia de ser el resultado del pecado y por lo tanto, completamente contrario a la voluntad de Dios, que la acción malvada de sus hermanos al venderle como esclavo? Sin embargo, José, refiriéndose a tal barbaridad, les dice: "Vosotros pensasteis mal de mí, pero Dios lo encaminó a bien." "Ahora pues, no os entristezcáis ni os pese de haberme vendido acá: que para preservación de vida me envió Dios delante de vosotros." Indudablemente, los hermanos de José pecaron, pero para él vino a ser la voluntad de Dios; y lo fué en verdad, aunque en el momento de la desgracia, no vió la bendición más grande de su vida. Y así vemos cómo Dios puede hacer que "aun la ira del hombre, le reporte alabanza;" y como todas las cosas aun las que provienen por pecados ajenos, "obran juntamente para el bien de los que a Dios aman" (Romanos 8:28).

Años antes que yo conociera la verdad escritural sobre este asunto, aprendí la lección, práctica y experimentalmente. Asistí a una reunión de oración donde se trataban los asuntos concernientes a esta vida de fe, cuando se levantó para hablar una señora desconocida para mí; la miré interrogándome quien podría ser, sin pensar que traía un mensaje práctico para mi alma.

Dijo que había tenido grandes dificultades en la vida de santidad porque siempre había "causas secundarias" que le parecía gobernaban su vida. Su perplejidad llegó a ser tan grande, que comenzó a pedirle al Señor que le mostrara si todas las cosas provenían de su mano o no. Orando sobre el asunto por varios días tuvo una especie de visión. Pensó que estaba en un lugar muy tenebroso y que desde cierta distancia avanzaba hacia ella una luz, la cual gradualmente le iba rodeando. Mientras la luz se le aproximaba, pareció como si una voz le dijera: "¡Esta es la presencia de Dios!" Mientras estaba así rodeada, todas las cosas tristes que suceden en la vida, iban pasando delante de ella; ejércitos luchando, hombres perversos, animales feroces, tempestades y pestilencias, pecado y sufrimiento de toda clase. Al principio retrocedió presa de pavor; pero pronto vió que la presencia de Dios la rodeaba y la envolvía de tal manera, que ninguna de esas cosas podían aproximársele para dañarla, excepto cuando la presencia de Dios se movía y lo permitía. Y así ella vió y comprendió que, mientras algo de la presencia de Dios la circundaba, ni aun un cabello le era tocado; pero que cuando se dividía y dejaba pasar, el mal le tocaba. Entonces otro desfile pasó delante de ella, el de las cosas pequeñas y molestas de la vida, e igualmente la presencia de Dios la rodeaba de tal manera, que ni miradas severas, ni palabras ásperas, ni prueba de ninguna clase podían afectarla, sólo cuando la presencia de Dios le daba paso para hacerlo.

Así desapareció su dificultad. Su pregunta estaba respondida para siempre. Dios estaba en todas las cosas; en adelante para ella no había más "causas secundarias." Vió que día tras día y hora tras hora, su vida venía de la mano de Dios, no importando los medios que trajeran los eventos diarios. Y nunca jamás halló difi-

128

cultad en consentir a la voluntad de Dios, confiando firmemente en su cuidado.

¡Ojalá me fuera posible hacer que todos los cristianos vieran claramente esta gran verdad; porque estoy persuadida que ésta es la única llave para esta vida de descanso. Solamente así, el alma podrá vivir solamente en el presente y sin afanarse por el mañana. Sólo esto puede quitar los peligros y "suposiciones" de la vida de un cristiano y hacerle decir: "Ciertamente el bien y la misericordia me seguirán todos los días de mi vida." Bajo el cuidado de Dios no corremos riesgos. Una vez me hicieron un relato acerca de una mujer de color la cual trabajaba árduamente para ganarse el sustento, pero no obstante, era una cristiana triunfante y alegre. En cierta ocasión, una señora que estaba muy triste, la cual casi desaprobaba la constante alegría de la otra, le dijo: "Oh, Nancy, está bien que usted sea tan feliz ahora, pero yo pienso, ¿no se entristece usted pensando en el porvenir? Supóngase que se enfermara y no pudiera trabajar o que se mudara su patrón y usted no pudiera conseguir trabajo o que . . . ." "¡Espere!" gritóle Nancy, "yo nunca supongo. El Señor es mi pastor nada me faltará. Y además, querida, estas suposiciones la ponen triste cuando mucho mejor sería que las dejara y confiara en el Señor."

Nada más que el recibir las cosas de las manos de Dios, nos harán cariñosos y pacientes con los que nos hacen mal. Sólo serán para nosotros los instrumentos para llevar a cabo sus tiernos y sabios propósitos para con nosotros y hallaremos muchas veces que estaremos agradecidos por las bendiciones que nos proporcionan.

Sólo así se pondrá fin a las murmuraciones o pensamientos de rebelión. Muchas veces los cristianos murmuran fácilmente de otros, cuando no se atreven a hacerlo de Dios. Por lo tanto esta manera de recibir las cosas, impedirá las murmuraciones. Si nuestro Padre permite que una prueba venga a nuestras vidas, ésta es la cosa mejor que puede acontecernos y debemos aceptarla, agradecidos, de su bendito mano. Esto no quiere decir que nos regocijemos por la prueba, sino en la voluntad de Dios que la permitió y esto no es difícil cuando aprendamos que su voluntad es un deseo de amor y, por lo tanto, resulta agradable.

Sacamos una ilustración muy buena cuando la madre da medicina a sus hijos. El frasco contiene la medicina, pero es la madre quien la proporciona; el frasco no es responsable sino la madre. No importa cuántos frascos de medicina tenga la señora en su botiquín, ella no se la dará al niño si no sabe que la necesita para su bien; pero cuando ve que la necesita, su amor lo forza a tomarla, aunque sea muy amarga.

Las personas que nos rodean son, a menudo, los frascos de nuestros remedios, pero es la mano de amor de nuestro Padre que preparó la medicina y nos insta a tomarla. El frasco es una "causa secundaria" de nuestra prueba, pero no es el agente real, porque el remedio que estas botellas humanas contienen, nos lo ha prescrito y dado nuestro gran MEDICO de almas, quien procura sanar nuestras enfermedades espirituales.

Por ejemplo, no hay mejor remedio para sanar la enfermedad de la irritabilidad, que el tener que vivir con un "frasco humano de sensibilidad" a quien tenemos que ceder y considerar.

¿Nos rebelaremos entonces contra los fracasos humanos? ¿No es mejor que, agradecidos, tomemos la medicina de las manos de Dios y apartando nuestra vista de las causas secundarias, digamos gozosamente: "Sea hecha tu voluntad," a todo lo que venga sin tener en cuenta su origen?

Este modo de ver a nuestro Padre celestial en todas

130

las cosas hace que la vida sea una continua acción de gracias, trayendo descanso a nuestros corazones y un gozo espiritual indecible.

Faber en su hermoso himno "La Voluntad de Dios," dice:

No sé aun lo que es dudar,
mi alma siempre goza;
no corro riesgos y aunque vengan,
tendrás tu senda hermosa.

Por lo tanto, El hará su voluntad con los que se rinden a El en perfecta confianza. ¡Oh, a qué verdes pastos de descanso interno y a qué aguas de reposo y consuelo guiará a los tales!

Si la voluntad de Dios es nuestra y si siempre puede obrarla en nosotros, reinaremos en un dominio perfecto. "El que está de la parte de Dios no fracasará en los combates y, aunque el resultado fuera causa de gozo o de tristeza, fracaso o éxito, muerte o vida, podemos bajo cualquier circunstancia, unirnos al apóstol en su grito de victoria: "Gracias a Dios que siempre nos da la victoria en Cristo."

Amada voluntad de Dios
áncora y fuerte de mi fe;
de mi alma serena mansión
yo sólo en tí me albergaré.

Tú que tan sólo anhelas bien,
guíame, tú lo harás mejor;
cual niño yo te seguiré
apoyando mi fe en tu amor.

Tu dulce voluntad, Señor,
en sublime abrazo estrechó
la alegre ave, mi voluntad
que sólo tu gracia cautivó.

131

Aquí, do es tan seguro el bien,
sus alas extiende el amor;
y abrigándome en tu opción
escogerás tú lo mejor.

Descansaré en tu voluntad
cual niño en seno maternal,
que ni el más suave lecho aun
podráme dar descanso tal.

Capítulo 13

Servidumbre o Libertad

Es un hecho que hay dos clases de experiencia cristiana; la una es experiencia de servidumbre, la otra, de libertad.

En el primer caso, el alma se halla dirigida por una rígida sensación de deber y obedecer la ley de Dios, o por temor del castigo o con la esperanza de recompensa. En el segundo caso, la potencia dirigente está en el principio interior que motiva sus acciones por la fuerza del instinto propio y la voluntad del autor de la vida, sin temor de castigo ni anhelo de compensación. En el primer caso, el cristiano es un siervo y obra por salario, en el segundo, es un hijo y obra por amor.

Es cierto que hay necesidad de este contraste de experiencias porque "andar en libertad" es la condición propia y normal de la vida espiritual, pero, como tenemos que confrontarnos con lo que en realidad es y no con lo que debiera ser, no podemos cerrar nuestros ojos a la condición tan triste de esclavitud, en la cual pasan gran parte de sus vidas cristianas muchos hijos de Dios.

No es difícil hallar el motivo de esto, ni tampoco el remedio. La razón es la realidad, y el remedio, Cristo. En ninguna parte hallaremos descrito con más claridad el contraste de estas dos clases de vida que en la epístola a los Gálatas. Esta epístola fué escrita por el motivo siguiente: algunos hermanos judíos habían entrado a formar parte de las iglesias de Galacia y, abogando que las formas y ceremonias del judaísmo eran necesarias para la salvación, habían tratado de coartar la libertad del evangelio. El mismo Pedro se había unido a esta senseñanzas. Por esta razón Pablo reprobó, no sólo a los gálatas pero aun al mismo Pedro.

Ni Pedro ni los gálatas habían cometido pecado moral, pero habían caído en pecado espiritual. Estaban en una actitud errónea hacia Dios; una actitud legal. Como todos los cristianos, habían comenzado correctamente la vida espiritual por "el oir de la fe." Pero cuando llegaron al asunto de cómo debían conducirse en la vida cristiana, cambiaron de fundamento. Procuraron substituir la fe con las obras. Habiendo "comenzado por el Espíritu," estaban tratando de "perfeccionarse por la carne." En otras palabras, ellos habían descendido en su vida cristiana del plano de la gracia al de la ley.

Aclaremos esto por medio de una ilustración. Tenemos dos hombres; ninguno de los dos roba. Exteriormente sus acciones son igualmente honradas. Pero interiormente, hay una gran diferencia. Uno de ellos tiene la tendencia natural de robar y lo que solamente lo impide, es el temor del castigo. El otro, honesto por naturaleza, detesta el robo y no puede ser inducido a hacerlo, ni aun con la esperanza de recompensa. El uno es espiritualmente honesto; el otro lo es carnalmente. Creo que no es necesario indicar las clases de vidas cristianas que ilustran ambos casos.

Sin embargo, estamos continuamente tentados a olvidarnos que lo vital no es lo que los hombres "hacen," sino lo que "son." En Cristo Jesús on tienen valor las observaciones legales ni la omisión de ellas, sino la nueva criatura. Dios tiene más interés en que uno sea "una nueva criatura" que en cualquier otro asunto. Porque El sabe que si interiormente nuestra naturaleza es buena, nuestras acciones serán correctas. Es posible que nuestras acciones sean justas sin que nosotros lo seamos; pero esto, en sí, no tiene valor alguno. Lo esencial es el carácter. Y nuestras acciones sólo tienen valor cuando son el resultado de lo que somos.

Pablo estaba apenado con los cristianos gálatas porque parecía que habían perdido de vista esta verdad de vital importancia, que la vida interior, "la nueva criatura," es la única cosa de valor. Habían comenzado sobre esta base, pero habían "caído de la gracia" a una condición inferior donde "la vejez de letra" había suplantado a la "novedad del Espíritu." "Vacíos sois de Cristo los que por la ley os justificáis; de la gracia habéis caído" (Gálatas 5:4).

Este es el único pasaje en el Nuevo Testamento donde se halla la expresión "de la gracia habéis caído" y muestra que los gálatas habían errado pensando que necesitaban algo más que Cristo en sus vidas cristianas. Los hermanos judíos que habían llegado entre ellos, les enseñaron que Cristo sólo no era suficiente, sino que debían prestar obediencia a la ley ceremonial.

Por lo tanto, creyendo ellos que tales cosas eran necesarias a la salvación, habían tomado algunas de las ceremonias del ritual judaico queriendo impeler a los "gentiles a vivir como judíos." Los cristianos de hoy se maravillan de que ellos fueran tan aferrados a la ley. Pero, ¿acaso no existe en los de nuestra época la misma tendencia, sólo que bajo distinto aspecto? Ellos añadieron la ley ceremonial; nosotros agregamos resoluciones o zozobras, u obras cristianas, o cualquier clase de ceremonia religiosa; entonces, ¿qué diferencia hay entre ellos y nosotros? No hay mucha en verdad; porque al añadir algo al sencillo camino de salvación ya se comete el error.

Condenamos la "religión de los judíos" porque "nulifica la gracia de Dios" y hace que Cristo "haya muerto en vano," dependiendo para su salvación de ceremonias externas. Pero temo que como sucedía con los gálatas, hoy haya mucho judaísmo en la religión cristiana y que la gracia de Dios se frustre tanto por nuestro apego a leyes como sucedía con ellos, si bien nosotros lo manifestamos en forma distinta.

Quizá el contraste presentado en las siguientes palabras ayude a alguno a ver la diferencia de ambas religiones y a descubrir el secreto de su propia experiencia de servidumbre legal.

La ley dice: HAZ esto y vivirás.

El evangelio dice: VIVE y harás.

La ley dice: PAGA lo que debes.

El evangelio dice: YO TE PERDONO.

La ley dice: HAZTE un NUEVO CORAZON y un NUEVO ESPIRITU.

El evangelio dice: TE DARE un nuevo corazón y PONDRE un Espíritu nuevo dentro de tí.

La ley dice: AMARAS al Señor tu Dios de todo tu corazón y de toda tu alma y de toda tu mente.

El evangelio dice: En esto consiste el amor: no que nosotros hayamos amado a Dios, sino que EL NOS AMO A NOSOTROS y ha enviado su Hijo, en propiciación por nuestros pecados.

La ley dice: Maldito todo aquel que no permaneciere en todas las cosas que están en el libro de ley para hacerlas.

El evangelio dice: Bienaventurados aquellos cuyas iniquidades son perdonadas y cuyos PECADOS SON CUBIERTOS.

La ley dice: La PAGA del PECADO es MUERTE.

El evangelio dice: El don de Dios es VIDA ETERNA

La ley	El evangelio
	en Cristo Jesús Señor nuestro.
La ley DEMANDA la santidad.	El evangelio da la santidad.
La ley dice: HAZ.	El evangelio dice: ESTA HECHO.
La ley DEMANDA el servicio forzoso del esclavo.	El evangelio logra el servicio amoroso de un hijo u hombre libre.
La ley hace que la bendición sea el resultado de la obediencia.	El evangelio trae la obediencia como resultado de las bendiciones.
La ley pone el día de reposo al final de la semana.	El evangelio lo coloca al principio.
La ley dice: Si	El evangelio dice: por lo tanto . . . . .
La ley fué dada para sujeción del viejo hombre.	El evangelio trae libertad al nuevo hombre.
Bajo la ley, la salvación era un salario.	Bajo el evangelio la salvación es un don.

Estas dos formas de vida religiosa comienzan exactamente en sus fines opuestos. La religión de la ley es semejante al hombre que desea tener un huerto de manzanos y comienza tomando algunas manzanas de la clase deseada. Entonces busca el tallo y ata el fruto a las ramas; luego busca raíces y las une al tallo y, por fin, compra el campo en el cual quiere tener la plantación. Pero la vida bajo la gracia sigue un orden distinto. Comienza con la raíz, crece, florece y lleva fruto.

Pablo nos dice que "la ley es nuestro ayo" y no nuestro Salvador y da énfasis en que sólo es "nuestro ayo" para traernos a Cristo; porque una vez que por la fe hemos acudido al Señor, nos declara que ya no estamos bajo ayo. Para ilustrarlo mejor nos presenta al hijo de la esclava y al de la libre: "De manera, hermanos, que no somos hijos de la sierva, mas de la libre," y además, nos ruega: "Estad, pues, firmes en la libertad con que Cristo nos hizo libres y no volváis otra vez a ser presos en el yugo de servidumbre" (Gálatas 5:1).

Supongamos que una sirvienta trabaja en una casa por salario mensual y procura agradar a sus amos, aunque su servicio es solmente un deber. Finalmente el amo se enamora de ella y, de su situación de sirvienta, llega a ser la esposa y poseedora de su fortuna. En el momento cambia el espíritu de su servicio. Puede ser que continúe ocupándose en las mismas tareas que antes, pero el móvil que ahora la impulsa es distinto. El antiguo sentimiento de deber se transforma en amor. La fría palabra "señor," se cambia por la dulce expresión "esposo." "Y será que en aquel tiempo, dice Jehová, me llamarás Marido mío y nunca más me llamarás Baalí" [Mi Señor] (Oseas 2:16).

Pero, imaginemos que la esposa después de un tiempo, comienza a recordar su humilde condición y al echar una mirada retrospectiva a su pasado, se siente indigna de la unión que ha contraído y consecuentemente vaya perdiendo el sentido íntimo de su unión. ¿Quién puede dudar que el antiguo sentimiento de deber por recompensa expulsa y toma el lugar de la labor por amor y en espíritu, el antiguo nombre "señor" toma nuevamente el lugar de "mi esposo?"

Entonces exclamamos al ver la necedad de tal proceder: pero, ¿no es verdad que sucede exactamente lo mismo con muchos cristianos? El servicio por deber toma el lugar del efectuado por amor y Dios es mirado como un amo rígido que demanda nuestra obediencia en lugar del Padre amante que la inspira.

Todos sabemos que nada tiene tanto poder para destruir la dulzura de tal relación como el sentirse esclavo. El momento en que un esposo o esposa dejan de servirse uno al otro con un corazón lleno de amor y comienza a penetrar en ellos la sola sensación de deber, la felicidad de la unión se pierde, el matrimonio llega a ser una esclavitud y las cosas que antes reportaban regocijo se tornan en cruces. Creo que la Iglesia cristiana piensa que esto es lo que quiere decir "tomar la cruz," el tener que hacer algo a disgusto; pensando que tal servicio es agradable delante de Dios. No obstante, sabemos demasiado bien que si así se procediera con nosotros no lo toleraríamos ni un instante. ¿Qué esposa podría tolerar que su esposo le hablara con el lenguaje que muchos cristianos usan continuamente con el Señor; si, por ejemplo, cada mañana cuando él se dirije a sus ocupaciones le dijera: "Voy a trabajar para tí hoy; pero quiero que sepas que eso me es una carga muy pesada y apenas si sé como llevarla?" O, ¿qué hombre toleraría tal lenguaje en su esposa? No en vano Pablo estaba tan alarmado cuando entendió que el espíritu de servidumbre se había apoderado de la Iglesia de Cristo.

Los cristianos legales no niegan a Cristo; solamente buscan añadir algo más. Su idea es Cristo y algo más. Quizá es Cristo y buenas obras, o Cristo y sentimientos piadosos, o Cristo y doctrinas claras, o Cristo y alguna ceremonia religiosa. Todas estas cosas son buenas en sí, mas como frutos de la salvación; pero añadir cualquier cosa a Cristo, no importa cuán buena sea, para lograr la salvación, es negar la eficiencia del Señor y exaltar el ego. El ser humano está dispuesto a sufrir sacrificios penosos, antes que tomar el lugar del impotente e indigno. El hombre sería alegremente un faquir, si el serlo le condujera a la gloria. Una religión de servidumbre siempre exalta la personalidad. Es lo que yo hago, mis esfuerzos, mis dificultades, mi fidelidad. Pero una religión de libertad no halla nada de qué gloriarse. Cristo es todo, El lo hace, El es, y ¡cuán maravillosa es su salvación! El niño nunca se jacta de sí, sino de su papá y de su mamá y nuestras almas pueden gloriarse en el Señor, cuando hemos aprendido en esta vida de libertad, que El, y sólo El, es la suficiencia para cada una de nuestras necesidades.

Somos hijos de Dios y, por consiguiente, sus herederos; las posesiones no nos vienen por nuestro trabajo, sino por herencia de nuestro Padre. Ah, queridos amimos, ¡cuán pocos de vosotros obráis como "herederos de Dios!" ¡Cuán pobres sois y qué duro es vuestro trabajo para conseguir lo que poseéis! Es posible que mostréis los resultados de vuestras obras legales o de vuestro asceticismo que realmente parecen tener "cierta reputación de sabiduría en culto voluntario y en duro trato del cuerpo" como prueba de la rectitud de vuestro proceder; pero estoy plenamente convencida que por buenos que hayan sido los resultados, no han venido después de todo por causa de aquéllas.

Tuve una amiga cuya vida cristiana fué, en realidad, una vida de esclavitud. Procuraba ganar su salvación con más ahinco que el que hubiera tenido una esclava para procurar su libertad. Entre otras cosas, ella no sentía que pasaría bien el día, si no había comenzado con un tiempo de lucha, agonía y conflicto. Yo llamaba a eso "dar cuerda a su máquina." Un día hablábamos juntas sobre el asunto y ella me refería lo escabrosa y esclava que era su vida cristiana y se asombraba de que la Biblia dijera que su yugo es fácil y ligera su carga. Le manifesté que yo pensaba que ella estaría equivocada en algo, porque la Biblia siempre expresa la verdad de nuestra relación con Dios, por medio de ilustraciones que no dan lugar para pensar en las tales luchas y agonías que ella describía. Entonces le interrogué: "¿Qué pensaría usted de niños que tuvieran que sufrir y agonizar con sus padres cada mañana por el pan y la ropa necesa-

140

ria, o de ovejas que tuvieran que luchar con su pastor antes que pudieran asegurarse de su cuidado?" "Por supuesto, que eso no estaría bien," me contestó. "Pero, por qué es entonces que a veces yo tengo tales conflictos?" Pensé un instante y volví a interrogarle: "¿Y cómo tiene usted la victoria después de pasar por tales pruebas?" "Pues al fin de todo, confiando en el Señor," contestóme. "Ahora bien, supóngase que usted comenzara confiando," le dije: "¡Ah!" me interrumpió súbitamente iluminada, "¡nunca hubiera pensado que yo pudiera hacerlo!"

Cristo dice que "si no fuéramos como niños, no podremos entrar en el reino de los cielos." Pero es imposible tener el espíritu infantil mientras abriguemos el sentimiento de esclavitud.

Notad que yo no me refiero al espíritu de servicio sino al de siervo. Todo buen hijo está animado por el deseo de servir, pero no tiene el sentir de un sirviente. El hijo trabaja por amor, el sirviente por salario.

Si un niño que tiene padres cariñosos cree que sus padres no le proporcionarán alimentos y ropa si él no las gana en alguna forma, ha perdido toda la felicidad de la relación entre padres e hijos. Conocí una niñita que había tomado esta idea y se fué de puerta en puerta por el vecindario buscando trabajo, porque necesitaba dinero para comprarse ropa. Cuando sus padres lo supieron el dolor casi les destrozaba el corazón. Los cristianos siervos quebrantan el corazón de su Padre celestial más de lo que ellos piensan por dejarse apoderar del espíritu de servidumbre en su relación con El. Tan pronto como comenzamos "a trabajar para sostener" nuestra vida espiritual, salimos de nuestra posición de hijos para tomar la de esclavos y "hemos caído de la gracia."

Leemos en la Biblia que "un siervo pensó que su

amo era duro" y el espíritu de servidumbre nos hace pensar lo mismo ahora. ¡Cuántos cristianos se someten al yugo de Cristo como "a un yugo de esclavitud" y al leer que su yugo es fácil, lo han tomado como un mero cuento y han seguido su camino sin imaginar siquiera que tal cosa fuera real! La verdad es que la idea de que la vida cristiana es una especie de esclavitud, se ha apoderado tanto de la iglesia que cuando encuentran que algunos hijos de Dios "andan en libertad" piensan que algo erróneo hay en sus experiencias, porque parece que para ellos ninguna cosa parece serles una "cruz." El mismo derecho tiene la esposa de pensar que hay algo equívoco en su amor para con el esposo cuando halla que servirle es un placer en lugar de una carga.

A veces pienso que todo el secreto de la vida cristiana que describo se revela en la relación del niño con sus padres. No se necesita más que creer que Dios es tan bueno como el mejor ideal de padre terrenal y que el cristiano guarda la misma relación con respecto a El, que el niño con sus padres en este mundo. Los niños no necesitan llevar en sus bolsillos el dinero para su sostén. Si el padre tiene lo suficiente, siempre suplirá las necesidades de sus hijos; y aun es mejor que él lo tenga y no que esté en las manos de un niño, pues puede perderlo. En igual forma no es necesario que los cristianos posean todas las cosas espirituales para emplearlas en la necesidad. ¡Cuánto mejor es que Cristo las guarde y las reciban de sus manos conforme las van necesitando! El nos es hecho en Dios, "sabiduría, justificación, santificación y redención" (1 Corintios 1:30); y fuera de El, nada tenemos.

Las personas que no tienen mucha amistad no pueden esperar obsequiarse con frecuencia. Pero cuando están unidas en verdadero amor, pueden aceptar cualquier cosa sin sentirse obligados mutuamente.

Este principio es importante en la vida espiritual.

142

Cuando los cristianos viven lejos de Dios, se sienten reprimidos de recibir de El grandes dones. Se sienten como si fueran muy indignos y no ansían tales cosas; y aun cuando, por decirlo así, El pone las bendiciones en sus propias manos, su falsa humildad no se las permite ver y andan sin recibirlas.

Mas cuando los cristianos andan lo suficiente cerca del Señor para sentir el espíritu de adopción, están listos para recibir alegremente todas las bendiciones que su Padre tiene para ellos y jamás rechazan alguna cosa como si fuera demasiado el recibirlas; ellos saben que los padres procuran las mejores cosas para sus hijos y que, en efecto, todas las cosas son suyas y ellos de Cristo y Cristo de Dios (1 Corintios 3:23).

Algunas veces esta vida escondida con Cristo en Dios es mirada como si fuera un gran misterio, o como si fuera algo tan extraordinario, que las personas sencillas no pueden entenderlo; sin embargo, este contraste entre cautiverio y libertad lo hace muy claro. Sólo consiste en saber que "ya no somos siervos, sino hijos" y gozar prácticamente de esta hermosa relación. Todos pueden entender lo que es ser como niños; no hay aquí nada misterioso. Al usar la relación entre padres e hijos Dios no lo hace sin saber lo que implica; por esta razón, los que le conocen como a su Padre, poseen el secreto. Como herederos de tal Padre, se posesionan de sus necesidades presentes. Sus oraciones son muy sencillas. Con simplicidad dicen: "Señor, yo soy tu hijo y necesito tales y tales cosas." El les responderá: "Hijo mío, todas las cosas son tuyas en Cristo; ven y toma lo que necesitas."

Cuando los testamentarios son personas honorables, los herederos no se ven obligados a "luchar" para recibir su herencia. Ellos han sido nombrados, no para impedir que la posean sino para que la reciban con prontitud. Hay cristianos que miran al Señor como a un testamentario, cuyo fin es impedir que ellos entren en su posesión, en lugar de mirarle como al que vino para hacerles poseedores de su herencia. Poco saben cuánto deshonran y entristecen al Señor pensando de esta manera.

Esto sucede porque los cristianos legales no conocen a Dios como niños a su padre, ni reconocen su corazón paternal para con ellos; por esta razón es que están en servidumbre. Este espíritu servil no podrá prevalecer cuando ellos reconozcan la preciosa relación que el Señor quiere tener con ellos.

Nuestra libertad viene del conocimiento del plan de Dios para con nosotros.

¿Cuál es, entonces, la realidad de la situación? Si Dios nos ha llamado para tener solamente el lugar de siervos, los cristianos que viven servilmente están en lo recto. Pero si El nos ha llamado para ser hijos y herederos, si somos sus amigos, sus hermanos, su esposa, ¡Cuán craso es el error que cometemos al ponernos bajo el yugo de servidumbre!

El pensamiento de la esclavitud es completamente detestable en las relaciones terrenales y seguramente lo es igual en cuanto a nuestra relación celestial. Esto no impedirá que tales almas lleguen al fin, al descanso celestial, mas quedarán en la triste condición de los descritos en 1 Corintios 3:11-15. "Su obra será quemada y ellos sufrirán la pérdida; más los tales serán salvos así como por fuego."

"Contra los tales no hay ley," es la sentencia divina para aquellos que viven y andan en el Espíritu y hallaréis que esta bendita experiencia es una realidad, si abandonáis todo esfuerzo y confianza propia y permitís

144

que Cristo viva y obre en vosotros y que sea el constante morador de vuestros corazones.

El hombre que vive justamente por el poder de su naturaleza interior, no está bajo la esclavitud de la ley exterior de la justicia; pero aquel que solamente está dirigido por la ley externa, sin la restricción de una naturaleza justa, es un esclavo de la ley. El uno cumple la ley en su alma, es libre; el otro se rebela contra la ley de su alma, es por lo tanto, un siervo.

¡Ojalá que todos los hijos de Dios conocieran la libertad!

Permitidme rogaros, mis lectores, que os abandonéis por completo en las manos del Señor para que El pueda "obrar en vosotros el querer y el hacer de su buena voluntad," librándoos por la ley del espíritu de vida de aquello que puede esclavizaros.

Capítulo 14

El Crecimiento en la Gracia

Una de las objeciones que se presentan contra los que enseñan esta vida de fe, es que desechan el crecimiento en la gracia. Suponen que enseñan que el alma llega a una condición de perfección tal, donde ya no hay avance posible y que todas las exhortaciones escriturales que impelen al crecimiento y al desarrollo, son anuladas por tal enseñanza.

Ya que es exactamente lo contrario, trataré si me es posible, de responder a estas objeciones, mostrando lo que yo creo significa el crecimiento espiritual.

El texto citado con más frecuencia lo hallamos en 2 Pedro 3:18: "Mas creced en la gracia y conocimiento de nuestro Señor y Salvador Jesucristo." Ahora bien, este texto expresa exactamente lo que nosotros que enseñamos la santificación, creemos: que es la voluntad de Dios para cada uno de nosotros y más aun, que es posible y práctico en nuestras vidas. Aceptamos en la plenitud de su significado todos los mandamientos y promesas para no continuar en nuestras vidas infantiles y "crecer en Cristo en todas las cosas, hasta que lleguemos al hombre perfecto, a la medida de la edad de la plenitud de Cristo." Nos regocijamos sabiendo que no necesitamos continuar siendo niños y bebiendo leche, pero que podemos desarrollar nuestra vida de tal modo que necesitemos "carne," alimento

146

fuerte y ser capaces de discernir entre lo bueno y lo malo. Y nadie se afligirá más que nosotros, al pensar que hubiera alguna frontera en la vida cristiana y que de allí no pudiéramos progresar.

Creemos en un crecimiento que produce realmente la madurez progresiva y en un desarrollo tal que produce fruto sazonado. Esperamos alcanzar el blanco que está adelante y si no nos hallamos en camino hacia él sabemos con seguridad que es porque hay algo malo en nuestro crecimiento. Ningún padre estaría satisfecho con el crecimiento de su hijo, si día tras día y año tras año, permaneciera siendo el mismo bebé indefenso, como en los primeros días de su vida. Ningún agricultor estaría contento, si el maíz no le produjera más que hojas, o si tuviera espigas y no tuviera granos. Para que el crecimiento sea real, tiene que ser progresivo, de manera que los días, meses y semanas traerán desarrollo y madurez en el crecimiento. Pero, ¿acaso es así con la mayor parte del llamado crecimiento en gracia? ¿Acaso el mismo cristiano que ha sido celoso y se ha esforzado en este crecimiento no halla muy a menudo, que al fin del año no ha avanzado en su vida cristiana, como había comenzado a hacerlo en el principio y que su celo, devoción y separación del mundo no son tan completas como al principio?

En una ocasión, estaba tratando de mostrar a una compañía de cristianos, el deber y el privilegio de dar un paso definitivo a la "tierra prometida," cuando una señora muy inteligente me interrumpió para refutarme (según pensaba) lo que yo había dicho, exclamando: "¡Ah, señora Smith, yo creo en el crecimiento en la gracia!" "¿Cuánto tiempo hace que usted está creciendo?" le pregunté. "Como unos veinte y cinco años," fué la respuesta y, "¿qué tanto es usted menos mundana, más consagrada al Señor, ahora que cuando usted comenzó su vida cristiana?" continué yo. "¡Ah!" fué la respuesta, "mucho me temo que no soy ni siquiera tan fiel como era antes." Con esta respuesta, fueron abiertos sus ojos para ver que no había tenido éxito en su crecimiento, pero antes bien, había sucedido todo lo contrario.

La dificultad suya, como la de todos los casos similares, estriba en esto: se esfuerzan por crecer hacia la gracia, en lugar de en la gracia. Semejantes a un rosal plantado en un jardín de tierra pedregosa, son tales cristianos. Se espera que el rosal florezca, pero sucede que luego se marchita y al fin se seca.

Los hijos de Israel viajando por el desierto, representan un cuadro de esta clase de crecimiento. Anduvieron cuarenta años dando pasos penosos y hallando poco descanso en sus peregrinaciones; con todo, no estuvieron al final de su viaje, más cerca de la tierra de promisión, que lo que habían estado en el principio. Cuando ellos comenzaron su viaje a Kades Barnea, estaban en los límites de la tierra prometida y con unos pocos pasos, hubieran entrado en ella. Cuando terminaron su viaje en los llanos de Moab, también estuvieron en sus límites, sólo con la diferencia que ahora tenían un río que cruzar, lo cual no tenían en el principio. Todas sus peregrinaciones y luchas en el desierto, no les pusieron en posesión, ni de una pulgada de la tierra prometida. Para posesionarse de esta tierra, era necesario estar en ella primero; de la misma manera que para crecer en la gracia, es necesario estar plantado en la gracia. Una vez en la tierra, su conquista fué fácil y rápida; una vez plantados en la gracia, el crecimiento en la vida espiritual, es más vigoroso y rápido de lo que puede concebirse. La gracia es uno de los campos más fértiles y las plantas que allí se desarrollan, son de un crecimiento maravilloso. Son atendidas por el "Agricultor Divino," son abrigadas por "el Sol de Justicia" y regadas por el rocío del cielo. Seguro que no es extraño que lleven fruto, "uno a ciento, y otro a sesenta, y otro a treinta."

Pero preguntaréis, ¿qué quiere decir crecimiento de la gracia? Es difícil responder a esta pregunta, porque hay tan pocas personas que realmente saben en qué consiste la gracia de Dios. Decir que es un favor no merecido, expresa sólo una pequeña parte de lo que significa. Es el maravilloso e infinito amor de Dios, derramado en múltiples maneras, sin restricción o medida no de acuerdo con nuestros méritos, sino según su inmenso amor, el cual sobrepuja todo entendimiento; tan insondables son su profundidad y altura. Algunas veces pienso que se da a la palabra "amor" un significado completamente diferente cuando está asociada con Dios de lo que entendemos en su aplicación humana. Parece que consideramos que el amor divino, es duro, egoísta y distante buscando su propia gloria, e indiferente cuando se refiere al destino de otros. Pero si el amor humano es sensible, abnegado, si puede sufrir alegremente por el ser amado, si aun está deseando sacrificarse pródigamente por la comodidad o placer del objeto de su amor, entonces, el amor de Dios, es infinitamente más tierno, abnegado y devoto y se regocija más en sufrir, en la clemencia y anhela prodigar sus mejores dones y bendiciones, sobre los objetos de su amor. Juntad todo el amor más tierno que conocéis y el más profundo que habéis sentido y el más fuerte que ha sido derramado sobre vosotros y unidlo al amor de todos los corazones humanos que hay en el mundo, entonces multiplicadlo al infinito y entonces quizá tengáis un vislumbre del amor y la gracia de Dios.

Por lo tanto, en cuanto a "crecer en la gracia," el alma debe estar establecida en el corazón de este divino amor, y ser envuelta y empapada por él. Debe regocijarse en él y rehusar cualquier otro regocijo. Día por día, debe crecer en su comprensión y confiarle todo su cuidado, no abrigando ni la más leve sombra de duda, ya que todas las cosas irán bien de este modo.

El crecer en la gracia, es opuesto a crecer en confianza personal, o esfuerzo propio, y en efecto a toda legalidad de cualquier clase que sea. Con esto queremos decir que debemos poner nuestro crecimiento al igual que las demás cosas, en las manos del Señor. Significa estar tan satisfechos con nuestro Agricultor y con su habilidad y sabiduría que ni siquiera una interrogación cruzará por nuestras mentes, en cuanto a los métodos que El usa para nuestro cultivo. El crecer como los lirios o como los niñitos, sin cuidados ni ansiedades; crecer por un principio de vida interno, que nada puede hacer sino crecer; crecer porque vivimos y, por lo tanto, debemos crecer; crecer porque El que nos ha plantado, lo ha hecho con el propósito que crezcamos.

Seguramente esto es lo que quiso decir nuestro Señor, cuando dijo: "Considerad los lirios del campo, cómo crecen; no trabajan ni hilan. Mas os digo que ni aun Salomón con toda su gloria fué vestido como uno de ellos." O cuando dice después: "¿Quién de vosotros podrá acongojándose añadir a su estatura un codo?" En el crecimiento de un niño, o de un lirio, no hay esfuerzo alguno. El lirio no trabaja, ni hila, ni tira ni lucha haciendo esfuerzos; tampoco es consciente de su crecimiento; pero, por un principio de vida interno y mediante la nutrición de la providencia divina y el cuidado del jardinero o quien lo cuide, por el calor del sol y la benéfica lluvia que lo riega, crece y florece en la hermosa planta del propósito de Dios.

En la vida cristiana, el resultado de esta clase de crecimiento, es seguro. Aun Salomón con toda su gloria, dice nuestro Señor, no fué vestido como uno de los lirios

150

de Dios. Los atavíos de Salomón costaron mucho trabajo y material de oro y plata en abundancia; pero las galas de los lirios no cuestan nada de eso. Y aunque nosotros trabajemos e hilemos para hacernos hermosas vestimentas espirituales y nos esforcemos y apresuremos por lograr crecimiento, nada lograremos; porque ningún hombre, por más que se acongoje, puede añadir algo a su estatura y ninguno de nuestros adornos puede igualarse al vestido precioso con que el gran Jardinero viste las plantas que crecen en su jardín de gracia y bajo su cuidado más tierno.

Si yo pudiera lograr que mis lectores comprendieran la incapacidad de crecer mediante nuestros esfuerzos, estoy segura que una gran parte de la apretura de muchas vidas, sería quitada al instante.

Imaginad un niño que tiene la obsesión que no puede crecer sino bajo esfuerzos personales y que insista en tener una combinación de sogas y poleas para estirarse hasta la altura deseada. Es verdad que puede pasar sus días y años haciendo una fuerza agotadora, pero con esto no lograría nada; nadie con afanarse puede añadir a su estatura un codo. Al fin, todos estos esfuerzos serán gastados inútilmente, y tal vez aun estorben el crecimiento deseado.

Imaginemos un lirio procurando vestirse a sí mismo con hermosos colores y graciosas líneas y como hace la mayor parte de los hijos de Dios, que procure toda la ayuda, sabiduría y fuerza de todos los lirios que le rodean. Tal lirio vendría a ser un "caso crónico" de perplejidades y dificultades espirituales, semejantes a algunos que son conocidos a todos los obreros cristianos.

Ni el lirio, ni el niño pueden ser hallados haciendo una cosa más tonta y vana que procurar crecer. Pero me temo que muchos de los hijos de Dios están obrando en esta manera tan necia. Ellos saben que deben crecer y sienten el anhelo de crecer, pero en lugar de dejar que el Divino Agricultor cuide de su crecimiento, piensan conseguirlo con su propio esfuerzo y por consecuencia, pasan su vida en una rutina de esfuerzos y fuerzas propias que gasta sus energías y mientras tanto, a su propio pesar, hallan que en lugar de haber crecido, han retrocedido.

Todos necesitamos "considerar los lirios del campo" y aprender su secreto. De todos modos, creced, amados creyentes, pero os ruego que crezcáis según el orden divino, el cual es el único de crecer en verdad. Aseguraos que estáis plantados en la gracia y entonces permitid que el Jardinero Divino, os cultive a su manera y con sus propios medios. Poneos a la luz de Su presencia y permitid ser rociados con el rocío del cielo y veréis cuales serán los resultados. A su tiempo, vendrán con seguridad, hojas, flores y frutos, porque vuestro Jardinero es hábil y nunca fracasa en su obra. Solamente tened cuidado de no resistir la luz del "Sol de Justicia" o el rocío que cae del cielo. La cubierta más delgada puede esconderla de la luz del sol, o evitarle el benéfico rocío, por abundante que sea. Así también la barrera más insignificante, entre tu alma y el Señor, puede hacerte marchitar, como una planta que está en un sótano o debajo de un cajón. Conserva claro el cielo. Abre bien las avenidas de tu ser para recibir las influencias benéficas que el Divino Agricultor quiere enviarte. Reposa a la luz de su amor. Bebe de las aguas de Su bondad. Vuelve tu rostro hacia El como las flores miran al sol. Mira y tu alma vivirá y crecerá.

Alguno puede objetar diciendo que no somos flores inanimadas, pues somos seres humanos inteligentes con poderes y responsabilidades personales. Es verdad, y esto hace que lo que la flor ejecuta por naturaleza, nosotros lo hagamos por un rendimiento inteligente y voluntario. Ser uno de los lirios de Dios implica uno de los rendimientos más completos. Significa que hemos de ser infinitamente pasivos, pero también infinitamente activos; pasivos, en cuanto a nosotros mismos y a nuestras propias fuerzas, pero activos en cuanto se refiere a responder a Dios. No es tan fácil explicarlo para hacerlo más comprensible. Pero significa que hemos de hacer a un lado todas las actividades de la criatura, para permitir que Dios obre en nosotros y por medio de nosotros. Debemos ponernos a un lado para permitirle al Señor obrar.

Por lo tanto no necesitáis hacer esfuerzo alguno para crecer, pero concentrad todos estos esfuerzos, para morar en la VID. El Divino Viñero que cuida la vid, cuidará también de vosotros que sois los sarmientos; os limpiará, regará y cuidará de tal manera que creceréis y llevaréis fruto, y vuestro fruto permanecerá y cual los lirios, os hallaréis engalanados con unas vestiduras tales que ni aun Salomón con toda su gloria poseyó.

¡No importa si a vosotros mismos os parece como si en este momento estuvierais plantados en un desierto donde nada crece! Poneos absolutamente en las manos del Buen Viñero y, al instante, el desierto florecerá como la rosa y hará que fuentes y manantiales broten en esa arenosa extensión. La promesa es verídica que el varón que confía en Jehová "será como el árbol plantado junto a arroyos de aguas," que junto a las corrientes echará sus raíces y no verá cuando viniere el calor, sino que su hoja estará verde; en el año de sequía, no se fatigará ni dejará de dar fruto. Es una gran prerrogativa de nuestro Divino Agricultor el volver cualquier suelo, por árido que sea, en un suelo de gracia, cuando nos ponemos en Sus manos para que El cuide nuestro crecimiento. El no necesita trasplantarnos, pero en el campo donde estamos y bajo las mismas circunstancias que nos rodean, El puede hacer que su sol nos alumbre y que su rocío caiga sobre nosotros, de manera que las mismas cosas que antes nos eran obstáculos, vendrán a ser los principales y más benditos medios de gracia y crecimiento. No importa cuáles sean las circunstancias, su poder para hacerlo es infinitamente grande; todo lo que debemos hacer es ponernos en sus manos. En verdad El es un Agricultor en quien podemos confiar y, si envía tempestades, lluvias, vientos, o sol, todo debe ser aceptado de sus manos, con la más absoluta confianza que El se ha encargado de cultivarnos y traernos a madurez y sabe lo que es mejor para llegar a Su fin y regula los elementos los cuales están a su disposición para acelerar su fin, es decir, expresamente para que crezcamos con mayor rapidez.

Permitidme rogaros que abandonéis todo esfuerzo para crecer y simplemente creced naturalmente. Dejad todo al Agricultor, la responsabilidad es suya, pues El es el único que tiene poder para dirigir el crecimiento. Ninguna dificultad en vuestro caso, puede impedirlo. Si solamente os ponéis en sus manos y permitís Su propia voluntad en vosotros, la falta de crecimiento en tiempos anteriores, la apariencia de sequedad de los manantiales interiores de vuestra vida, o cualquier anormalidad en su desarrollo, no podrán impedir en lo más mínimo la obra que El se ha propuesto llevar a cabo. Sus graciosas promesas a sus hijos rebeldes nos lo aseguran. "Medicinaré vuestras rebeliones," nos dice: "Les amaré de mi voluntad porque mi furor se apartó de ellos. Yo seré a Israel como rocío; él florecerá como lirio y extenderá sus raíces como el Líbano. Extenderse han sus ramas y será su gloria como la de la oliva y olerá como el Líbano. Volverán y se sentarán bajo de su sombra; serán vivificados como trigo y florecerán como la vid. Su olor como vino del Líbano." En otra parte dice: "No temáis, porque los pastos del desierto reverdecerán, porque los árboles llevarán fruto, la higuera y la vid darán sus frutos. Y las eras se henchirán de trigo y los

154

lagares rebosarán de vino y aceite. Y os restituiré los años que comió la oruga, la langosta . . . . Y comeréis hasta saciaros y alabaréis el nombre de Jehová vuestro Dios y no hay otro; y mi pueblo nunca jamás será avergonzado" (Joel 2:22-27).

Podemos estar seguros que todos los recursos infinitos de la gracia de Dios serán utilizados aun para la planta más pequeña de su jardín espiritual con tanta realidad como lo hace con la creación terrenal y de la manera que la violeta permanece quieta en su lugarcito feliz con su parte en la vida diaria, sin fijarse ni en el viento ni en la lluvia; así podemos descansar cada **momento** con lo que nos viene de Dios, felices con nuestra porción diaria, sin ansiedad de lo que pasa en derredor, estando seguros que para nosotros, todas las cosas "prosperan."

Esta es la clase de crecimiento en gracia en el cual creemos nosotros los que hemos entrado en esta vida de perfecta confianza; un crecimiento sin cuidados ni ansiedades por nuestra parte, pero que crece actualmente, florece y lleva fruto y viene a ser "como el árbol plantado junto a arroyos de aguas que da su fruto en su tiempo" cuya hoja no cae y todo lo que hace prosperará. Nos gozamos en saber que en la viña del Señor hay muchas plantas semejantes, que cual los lirios miran con su rostro al sol y así "mirando como en un espejo la gloria del Señor, somos transformados a su imagen de gloria en gloria como por el Espíritu del Señor."

¿Interrogaréis cómo es que crecen tan pronto y con tanto éxito? Su respuesta será que ellos no están preocupados con su crecimiento, porque apenas si se fijan que están creciendo. Su Señor les ha dicho que morarían en El y que así llevarían mucho fruto, por lo tanto la parte que les concierne es morar en El, permitirle su cultivo, crecimiento, disciplina, su todo, dejarlo todo al buen Agricultor que es el único que puede manejar estas cosas y producirlas. Los tales no se están mirando a sí mismos sino "a Jesús." No trabajan, no hilan para tener vestiduras espirituales, pues su Señor se alegra en vestirlos. Esfuerzos y confianza propia ya han terminado para ellos. Antes, procuraban ser jardín y jardinero y cumplir ambas obligaciones. Ahora son felices en ser sólo el jardín y no el jardinero; y se regocijan de dejar los deberes del jardinero al Divino Viñero; así sólo El es responsable de su obra. Su interés propio ha desaparecido para ser transferidos a otras manos; ése desaparece más y más hasta que Cristo es el todo y en todo. El feliz resultado es que ni aun Salomón con toda su gloria fué vestido como uno de éstos.

Miremos prácticamente el asunto. Todos sabemos que no se crece por la fuerza, sino por un principio interior de vida. Un roble muerto, por más esfuerzos que se hagan por arreglarlo, no puede volver a crecer, pero un roble vivo crece naturalmente, sin la fuerza. Entonces vemos que la cosa primordial, es que tenga en sí el principio de vida y entonces, no puede más que crecer. Así es esta maravillosa vida escondida con Cristo en Dios, la vida del Espíritu Santo, morando en nuestros corazones. Sed llenos del Espíritu, amados lectores, y si lo sentís o no, no podéis menos que crecer. No os aflijáis acerca de vuestro crecimiento pero mirad si poseéis la VIDA en vuestros corazones. Morad en la Vid y permitid que SU vida corra por vuestras venas espirituales. No pongáis barreras a su poder que da vida, para que obre en vosotros su voluntad. Entregaos completamente a su cariñoso dominio, poned vuestro crecimiento en sus manos como lo habéis hecho con otras cosas de vuestra vida. Permitidle dirigiros. No hagáis como los niños que desarraigan las plantas para ver si crecen o no. Confiad en El absolutamente, y siempre. Aceptad la dispensación tal como viene momentáneamente de sus manos queridas, como si fuera el rocío necesario para vuestro crecimiento. Permaneced en un "Sí" constante a la voluntad de vuestro Dios. Y "por nada estéis afanosos, sino sean notorias vuestras peticiones delante de Dios en toda oración y ruego, con hacimiento de gracias. Y la paz de Dios que sobrepuja todo entendimiento, guardará vuestros corazones y vuestros entendimientos en Cristo Jesús" (Filipenses 4:7).

Si "vuestro crecimiento en la gracia" es de esta suerte, amado lector, tarde o temprano conocerás un crecimiento maravilloso, entonces sí que entenderás lo que quiso decir David cuando dijo: "El justo florecerá como la palma; crecerá como cedro en el Líbano. Plantados en la casa de Jehová, en los atrios de nuestro Dios florecerán. Aun en la vejez fructificarán; estarán vigorosos y verdes" (Salmos 92:12-14).

Capítulo 15

El Servicio Cristiano

Quizá no haya parte de la experiencia cristiana del que entra en esta vida escondida con Cristo en Dios, donde el cambio sea más visible, que en la esfera del servicio.

En las esferas ordinarias de la vida cristiana, el servir es más o menos una esclavitud; quiero decir que se efectúa como un deber y a menudo como una carga y una cruz. Algunas cosas que al principio pudieron sernos causa de gozo y placer, después de un tiempo vinieron a ser tareas agotadoras, quizá ejecutadas fielmente, pero sin inclinación a ellas y a veces con el deseo manifestado o no, de que no necesitamos hacerlo, o por lo menos, no con tanta frecuencia. El alma se halla entonces diciéndose a sí misma en lugar de "¿Puedo hacerlo?" del amor, el "¿debo hacerlo?" del deber. El yugo que al principio fué fácil comienza a tornarse en una carga que en lugar de ser ligera, se siente pesada y abrumadora.

Una cristiana muy apreciada me expresó lo mismo en la siguiente forma: "Al principio cuando yo me convertí," decíame, "estaba tan llena de gozo y de amor, que siempre me llenaba de placer cuando se me permitía o se abría alguna puerta, para hacer algo por mi Señor. Pero después de un tiempo, cuando el gozo se enfrió y mi amor fué menos ferviente, comencé a desear el no ansiar tanto el servicio cristiano, pues me hallé envuelta en obras que gradualmente se iban transformando en cargas desagradables. No podía abandonarlas sin advertir en mí excitación, aunque todavía deseaba hacerlas con creces. Se esperaba que yo visitara los enfermos y que orara con ellos, que asistiera y dirigiera reuniones de oración; en pocas palabras, se esperaba que siempre estuviera dispuesta para cualquier esfuerzo en la obra cristiana y la sensación de esta expectativa me oprimía continuamente. En fin, la clase de vida cristiana que yo estaba llevando era una carga indecible para mí; además, todos los que estaban en mi derredor, esperaban que yo viviera en una manera tal, que llegué a sentir que cualquier trabajo manual me sería más fácil y hubiera preferido infinitamente, fregar todo el día de rodillas, a continuar en el monótono molino de mi obra cristiana diaria. Decíame en lo íntimo, "Envidio a las sirvientas en las cocinas y a las lavanderas en las bateas."

Quizá esta narración pueda parecer demasiado fuerte, pero ¿acaso no es el cuadro de vuestras propias experiencias, queridos cristianos? ¿Nunca habéis ido a vuestras obras, como el esclavo a su faena diaria, creyendo que siendo un deber no había más remedio que cumplir con él y lo habéis hecho, pero rebotando como una pelota de goma, a vuestros intereses reales y a los placeres mientras la llevabais a cabo?

Por supuesto, sabéis que este modo de sentir es malo y as habéis avergonzado de tal cosa, sin embargo, no habéis podido hacer nada para evitarlo. No habéis amado vuestra obra; y si hubierais podido desligaros de vuestras conciencias, alegremente la hubierais abandonado.

Si este relato no representa vuestra situación, quizá

lo haga en este cuadro. En lo abstracto amasteis vuestra obra; pero, a medida que ha ido avanzando, habéis hallado muchos cuidados y responsabilidades relacionados con ella y sentisteis tantos recelos y dudas acerca de vuestra capacidad o aptitud, que os ha sido una carga pesada; os habéis desanimado y afligido ante la labor que debíais comenzar. Asimismo os estáis culpando por todos los resultados de la obra y os turbáis cuando los resultados no son los apetecidos, transformándose así en una carga constante.

Ahora bien; de todas estas formas de esclavitud se libra el alma que entra plenamente en esta bendita vida de fe. En primer lugar, cualquier clase de servicio es un placer, porque habiendo rendido nuestras voluntades al cuidado del Señor, El obra en nosotros el querer como el hacer de su buena voluntad y el alma halla que anhela hacer la voluntad de Dios. Siempre es placentero hacer lo que deseamos, por grandes que sean las dificultades y por débiles que se sientan nuestros cuerpos. Cuando la voluntad del hombre realmente se asienta sobre una cosa, echa a un lado con sublime indiferencia los obstáculos que se levantan en su camino y en sus adentros, se ríe ante la idea de cualquier oposición o dificultades ocultas. ¡Cuántos hombres han ido alegremente y gradecidos hasta los fines del mundo para hallar la fortuna, o llevar a cabo sus ambiciones mundanas haciendo caso omiso de cualquier pensamiento relacionado con "la cruz" o el sufrimiento! ¡Cuántas madres se han congratulado y regocijado ante el honor de haber dado sus hijos para el servicio de la patria, aunque esto haya envuelto la dura separación y una vida de inquietud y tristeza para los seres amados! Y todavía estos mismos hombres y estas mismas mujeres hubieran sentido y dicho, que estaban tomando cruces demasiado pesadas, casi imposibles, si el servicio de Cristo hubiera requerido el mismo sacrificio del hogar, de amistades y oportunidades mundanas!

En conjunto, esta es la manera en que nosotros miramos las cosas, ya sea que pensemos en cruces o no. Me avergüenzo al pensar que haya cristianos que ponen "caras largas" y vierten lágrimas cuando tienen que hacer algo por Cristo, lo cual sería ejecutado alegremente por los mundanos, si el hacerlo les reportara dinero.

Lo que necesitamos es tener creyentes que anhelen la voluntad de Dios, más de lo que otra gente estiman sus propias voluntades. Y este es el propósito del evangelio. Este es el anhelo de Dios para nosotros. En la descripción del nuevo pacto, en Hebreos 8:6-13, nos dice que no permanecerá el antiguo pacto de Sinaí, porque hay uno mejor, establecido sobre mejores promesas, que controlará al hombre, no por la fuerza de la ley, sino por la que quedará escrita en él, y que le constreñirá por amor. El dice: "Pondré mis leyes en sus mentes y en su corazón las escribiré." Esto significa que amaremos su ley, porque cualquier cosa escrita en nuestros corazones, la amamos. Y "puesta en nuestras mentes," esto es que el mismo Dios obrará en nosotros su voluntad y nos indica que desearemos la voluntad de Dios y que obedeceremos sus dulces mandatos, no porque sabemos que es nuestro deber hacerlo sino porque deseamos llevarlo a cabo.

Posiblemente aclararé esto con una ilustración. Cuán a menudo hemos pensado al contender con nuestros niños: "¡Oh, si solamente pudiera tener sus corazones y obrar en ellos como deseo cuán fácil me sería entonces dominarlos! Generalmente, al tratar con gente de mal carácter debemos cuidarnos de no sugerirles nuestros deseos, sino hallar alguna manera de hacerles propia la sugestión, así tenemos la seguridad que los veremos llevarla a cabo. Y nosotros, los que por naturaleza, somos obstinados, siempre nos rebelamos contra la ley exterior que nos rige, mientras que nos deleitamos en el cumplimiento de la interior.

Por lo tanto, la manera en que Dios obra es tomando posesión del interior del hombre, controlando y manejando su voluntad y efectuándola por su medio. Entonces la obediencia se torna fácil y deleita al alma, de manera que el servicio viene a ser efectuado en perfecta libertad. El cristiano se siente impulsado entonces a exclamar: "¡Qué feliz soy en este trabajo! ¿Quién hubiera imaginado o soñado que hubiera tal felicidad en la tierra?"

Lo que vosotros necesitáis, si estáis en esclavitud, en cuanto a vuestra obra, queridos cristianos, es poner vuestra voluntad completamente en las manos del Señor, rindiéndola a El para que pueda dirigirla. Decidle: "Sí, Señor, sí," a cada cosa y confiad que El obrará en vosotros su beneplácito trayendo todos vuestros deseos y afectos en conformidad con su dulce, loable y amada voluntad. Yo he visto esto hecho a menudo, en casos que parecían imposibles. Conocí en cierta ocasión, una señora que por varios años, se había rebelado temerosamente contra un pequeño servicio que le era aborrecible, aunque ella sabía que era su deber. Sin embargo, después de un tiempo de lucha espiritual, puso su voluntad en las manos del Señor, diciéndole: "Sea hecha tu voluntad, sea hecha tu voluntad," y en una breve hora el mismo servicio le pareció fácil y halló felicidad en hacerlo.

Es maravilloso considerar los milagros que Dios obra con aquellos que se rinden completamente a El. No es que El ponga las cosas fáciles en lugar de las difíciles, pero cambia nuestra disposición, de manera que se nos hacen fáciles y amamos aquello que hemos de-

162

testado. Mientras nos rebelamos contra el yugo y tratamos de evitarlo, lo hallaremos duro y áspero. Pero cuando lo tomamos sobre nosotros con un consentimiento voluntario, encontramos que es fácil y ligero. Nos dicen las Sagradas Escrituras que "Efraim era cual novillo no acostumbrado al yugo" (Jeremías 31:18), pero luego después de haberse sometido, que era "como novilla enseñada, a la que gusta trillar" (Oseas 10:11).

Muchos cristianos, como he dicho, aman la voluntad de Dios en lo abstracto, pero llevan grandes cargas en conección con ella. De esto también podemos hallar libertad en la vida de fe, porque en ésta las cargas no son llevadas, ni las ansiedades sentidas. El Señor es quien lleva nuestras cargas y sobre El ponemos todo nuestro cuidado. Al efecto nos dice en Filipenses 4:6: "No os afanéis por cosa alguna, sino que en todas las cosas, por medio de la oración y la plegaria, dénse a conocer vuestras peticiones a Dios." Por nada estéis afanosos, dice, ni aún en vuestro servicio. Y sobre todo en nuestro servicio, pues debemos pensar, que nada ganamos con afanarnos. ¿Qué estamos haciendo, entonces, cuando pensamos si seremos aptos o no? El Maestro tiene derecho de usar cualquier herramienta que necesita para su obra y no es el lugar de la herramienta decidir cuándo debe ser o no utilizada. El sabe y si El nos escoge, por consiguiente le somos idóneos. Y aunque sepamos que no somos aptos, nuestra mayor utilidad estará en nuestra impotencia. Su potencia es perfeccionada, no en nuestra fortaleza, pero en nuestra flaqueza. Nuestra fuerza sólo nos es un obstáculo.

Visitando yo un asilo de idiotas, ví que los niños hacían ejercicios con unas pesas de gimnasia. Sabemos que es una cosa muy difícil que los idiotas dirijan sus movimientos. Por lo general tienen fuerza suficiente, pero como no la usan, no les sirve para nada. En estos ejercicios de gimnasia su deficiencia era muy aparente. Hacían toda clase de movimientos torpes. De cuando en cuando, por alguna feliz coincidencia, hacían algún ejercicio armonizado con la música y las direcciones del maestro, pero en su mayor parte estaban en completo desacuerdo. Pero noté que había una niñita, que hacía los ejercicios perfectamente. Nada hacía que fuese incorrecto. La razón no estaba en que ella tenía más fuerzas que los demás, sino que carecía de ellas. No podía asir las pesas, ni levantar sus bracitos, de manera que el maestro tenía que ponerse detrás de ella y hacerlo todo. La niña había rendido sus miembros, como instrumentos, al maestro, de manera que la fuerza de él era hecha perfecta en la flaqueza de ella.

El sabía muy bien cómo hacer los ejercicios, pues los había planeado y, por lo tanto, cuando él los ejecutaba, estaban perfectamente hechos. La pequeñuela no hacía nada más que permanecer en las manos del maestro quien lo hacía todo. Su completa debilidad era su grandiosa fortaleza.

Para mí, este es un cuadro que podría representar muy bien nuestra vida cristiana y, por lo tanto, puedo decir con Pablo: "Por lo tanto me glorío más bien en mis flaquezas, porque habite en mí la potencia de Cristo." ¿Quién no quisiera gloriarse en su completa debilidad e impotencia para que el Señor no hallara obstáculos en efectuar su obra portentosa por medio nuestro y en nosotros?

Entonces si la obra es suya, la responsabilidad también lo es y, por lo tanto, no hay razón para que nos aflijamos por sus resultados. El sabe cada cosa que le concierne y puede dirigirla. ¿Por qué, entonces, no dejársela a El y permitir ser tratados cual niños y ser guiados hacia donde debemos ir? Es un hecho que los obreros mejores que yo conozco, son aquellos que no están llenos de cuidados y ansiedades por la obra, pero que la encomiendan a su querido Maestro, pidiéndole que les guíe momento tras momento en lo concerniente a su servicio y confían con toda simplicidad que El les suplirá la necesidad momentánea de sabiduría y fuerza. Quizá a primera vista, pensaríais que ellos están muy libres de cuidados, teniendo tan grandes intereses que manejar, pero cuando aprendáis el secreto de confiar en Dios y veáis la belleza y el poder de la vida que se ha rendido a Su obra, no les condenaréis y comenzaréis a pensar: ¿cómo los siervos de Dios quieren llevar cargas o asumir responsibalidades que sólo El es poderoso para llevar?

Algunos pueden objetar que el apóstol Pablo habló del "cuidado de las iglesias" que estaba sobre él, pero no debemos dejar de recordar, que era la costumbre constante del apóstol, el poner todo su cuidado en el Señor y que, aunque lleno de trabajos, estaba sin "cuidados."

Hay una o dos clases más de esclavitud en el servicio, que consideraremos, y de las cuales podemos hallar también liberación, en esta vida de fe. Sabemos que ningún individuo es responsable por la obra mundial, pero que cada uno lo es en su pequeño círculo de acción. Nuestro deber cesa de ser universal y viene a ser personal e individual. El maestro no nos dice: "Id y haced todas las cosas," pero tiene planes especiales para cada uno de nosotros y nos encomienda un servicio especial. Esto es la diversidad de dones en el reino de Dios y éstos están repartidos entre los hombres de acuerdo con sus diversas aptitudes.

Yo puedo tener cinco talentos, dos, o uno simplemente; pero sólo tengo responsabilidad en aquello que he sido llamado a hacer y nada más. "Los pasos del buen hombre," son ordenados por el Señor, no solamente el camino, sino cada uno de los pasos que lo trazan.

Muchos cristianos cometen el error de mirar cada acto de servicio como una perpetua obligación. Por ejemplo piensan que porque obraron rectamente al dar un tratado a una persona que hallaron en el tren, deben hacerlo con cada una que hallen y en esta manera se cargan con un deber imposible. Había una joven cristiana, que porque en cierta ocasión había hablado del evangelio a una persona que encontró en el camino, pensó que era desde entonces su perpetua obligación el hacerlo con cada persona que hallara a su paso. Por supuesto, esto era imposible y como consecuencia, hallóse muy pronto sumida en esclavitud. Vivía constantemente temiendo salir a la puerta de su casa, por no hallarse con persona alguna y sentíase siempre bajo condenación.

Pero por fin abrió su corazón a una amiga instruída en los caminos del Señor y ella le indicó que estaba cometiendo un gran error; que el Señor tenía una obra especial para cada uno y que la manera en que los sirvientes de su casa no debían cuidar del trabajo de otros, así los siervos del Señor, no están en la obligación de hacer todo el trabajo. Además, díjole que se pusiera bajo las órdenes y en las manos del Señor en cuanto a la obra que El le encomendara y que confiara que El le indicaría cada persona con quien era su deber hablar, y le aseguró que El nunca envía sus ovejas sin ir delante de ellas y abrirles el camino. La joven aceptó el consejo y al echar su carga sobre el Señor, pudo hacer gozosamente una obra muy efectiva y todo sin cuidados ni cargas porque Cristo le guiaba y le abría el camino para hacer su voluntad.

Yo misma he aprendido mucho al pensar en nuestros propios hogares. Cuando tomamos un sirviente para un trabajo especial de la casa, queremos que atienda ése solamente y no que ande corriendo tratando de hacer las ocupaciones de los otros criados. Si al hacer esto en nuestros hogares terrenales, causaríamos una gran confusión, pensemos cuán grande sería ésta si se efectuara en la casa celestial.

Me parece que nuestra parte en el servicio, es justamente como el efectuar la unión entre el mecanismo y la máquina a vapor. El poder no reside en el mecanismo, sino en el vapor. Si se quita de la máquina, ésta se paraliza, pero mientras hay conección la máquina marcha perfectamente y sin esfuerzo alguno por causa del poder que está detrás de ella. Así es la vida cristiana. Cuando la vida divina está en el corazón de alguna persona, es muy fácil su desarrollo exterior y se hace tan natural como la vida misma. Muchos cristianos viven en tensión, porque sus voluntades no están en armonía con la de Dios. No hay una conección perfecta en cada punto y por eso se requiere un esfuerzo enorme para mover la maquinaria de la vida cristiana. Pero una vez que la conección está perfectamente efectuada y, "la ley del espíritu de vida en Cristo Jesús," pueda obrar en nosotros con todo su maravilloso poder, entonces seremos hechos libres de "la ley del pecado y de la muerte" y conoceremos "la gloriosa libertad de los hijos de Dios."

Otra de las dificultades en cuanto al servicio del Señor de la cual podemos desligarnos es la que concierne a "las reflexiones después del trabajo," que siempre siguen en la obra cristiana. Estas pueden ser de dos clases: una, cuando el alma se congratula por el éxito obtenido, y la otra, el desánimo cuando fracasa. Una u otra siempre quieren molestarnos. Creo que de las dos, la primera es la que debe ser más lamentada, si bien la segunda produce más sufrimientos. Pero cuando confiamos en el Señor, no nos molestarán, porque habiéndonos encomendado nosotros mismos y la obra al Señor, quedaremos satisfechos de tal modo, que no pensaremos en nosotros mismos.

Hace varios años que encontré, en un libro muy antiguo, este párrafo que doy a continuación: "Al terminar una obra, jamás te entregues a pensamientos reflexivos personales de ninguna especie, ya sea de congratulación o de desesperación. Desde el momento que las cosas pasan, olvídalas, dejándolas con el Señor." Estas palabras han sido para mí de singular valor. Cuando viene la tentación, (como posiblemente a todos los obreros después de haber efectuado algo) de entregarme a pensamientos reflexivos, ya en una u otra forma, rehuso pensar en la obra, entregándola en sus manos, para que El corrija todos los errores y la haga una bendición.

Yo creo que habría menos "días malos," como llamamos a los días de prueba, para los ministros del evangelio, si adoptaran este plan, y estoy segura que los obreros hallarían menos tristezas en la obra del Señor.

En resumen, lo que se necesita para que nuestro servicio en el Señor sea efectivo y feliz, es ponerlo en las manos del Señor y dejárselo a El. No vayáis a El en oración diciéndole: "Señor, guíame, dame sabiduría; Señor, encárgate de las cosas," para levantaros luego volviendo a llevar la carga y procurando arreglar vuestros asuntos. Dejádselos al Señor y recordad que cuando confiáis en El, no debéis afanaros por nada. Confiar y lamentarse no pueden andar juntos. Si vuestra obra es una carga es porque no confiáis en El. Pero si lo hacéis, hallaréis con seguridad que "su yugo es fácil y ligera su carga," aun en medio de la actividad más grande, y "hallaréis descanso para vuestras almas." Si el divino Maestro tuviera un buen grupo de obreros en esta condición no habría límite de las cosas que El podría efectuar por medio de ellos. Realmente "uno perseguiría a mil, y dos harían huir a diez mil," y nada les sería imposible. Porque no es difícil para el Señor "salvar con multitud o con poco número, si éstos solamente confían en El, poniéndose completamente en sus manos.

¡Que el Señor levante rápidamente un ejército de tales obreros! Y que tú, mi querido lector, seas uno de los alistados, y que rindiéndote completamente al Señor, como "vivo de entre los muertos," sea cada uno de tus miembros, "un instrumento de justicia" para ser usado según su beneplácito.

Capítulo 16

Sus Resultados Prácticos en la Vida Diaria
y en el Trato

Si todo lo que ha sido escrito en los capítulos anteriores sobre la vida escondida con Cristo es verdad, sus resultados en la vida práctica y en nuestro trato deben ser muy marcados; y aquellos que disfrutan de ella deben ser en verdad un pueblo peculiar, celoso de buenas obras.

Mi hijo, que ahora está con el Señor, en cierta ocasión escribió a un amigo algo al efecto. Somos necesariamente los testigos de Dios, porque el mundo no lee la Biblia, pero sí nuestras vidas; y de acuerdo con el reporte que ellas den, dependerá mucho su creencia en la naturaleza divina de la religión que profesamos. Esta edad es esencialmente una edad de hechos positivos y todas las investigaciones científicas están siendo crecientemente convertidas de teorías en realidades.

Por lo tanto, si nuestra religión quiere hacer progresos en la edad presente, debe probar que es más que una teoría; debemos presentar a la investigación de las mentes críticas de nuestros días las realidades de vidas transformadas por el eficaz poder de Dios, "obrando en ellas el placer de su voluntad."

Por lo tanto, deseo hablar muy solemnemente de lo

que creo deben ser los frutos necesarios de una vida de fe, tal como la que he venido describiendo y grabar en los corazones de cada uno de mis lectores su responsabilidad personal a "andar dignamente en su alta vocación" a la cual han sido llamados.

Creo que por lo menos a algunos de vosotros, puedo hablarles como amigos personales, pues creo que no hemos avanzado mucho a través de estas páginas, sin que, tanto en vuestros corazones como en el mío, haya brotado un tierno interés personal y vehemente de los unos para con los otros, de modo que podemos mostrar en cada cosa, las alabanzas de Aquel que "nos ha llamado de las tinieblas a su luz maravillosa." Hablo, entonces, como una amiga y estoy segura de ser disculpada si entro en algunos detalles de nuestras vidas diarias, los cuales pueden parecer de secundaria importancia, pero que en realidad forman la mayor parte de ellas.

La norma de una vida práctica santa, ha sido tan baja entre algunos cristianos, que el menor grado de una vida de devoción real, es mirado con sorpresa y, a menudo, con desaprobación, por una gran parte de la Iglesia. En su mayor parte, los seguidores del Señor Jesucristo, están satisfechos con una vida de tal conformidad a este mundo, y tan parecida en casi todos los respectos que, al observarla, ninguna diferencia puede establecerse.

Empero nosotros, que hemos oído el llamamiento de nuestro Dios, a una vida de entera consagración y confianza perfecta, debemos ser distintos. Debemos salir del mundo, estar separados y no conformarnos a él, ni en nuestro carácter, ni en nuestras vidas. Debemos asentar nuestras afecciones en las cosas celestiales, no en las terrenales y buscar primeramente el reino de Dios y su justicia, rindiendo cada cosa que pudiera interponerse a esta vida. Debemos andar en el mundo como

Cristo anduvo. Debemos poseer la mente que estaba en El. Como peregrinos y extranjeros debemos abstenernos de los deseos de la carne que batallan contra el alma. Como buenos soldados de Jesucristo, debemos desligarnos interiormente de los afanes de esta vida, para que podamos agradar a Aquél que nos ha escogido para ser sus soldados. Debemos abstenernos de toda apariencia de mal. Debemos ser bondadosos los unos con los otros, compasivos, perdonándonos los unos a los otros, como también Dios nos perdonó en Cristo. No debemos resentirnos por las injurias o desafectos, sino volver bien por mal y presentar la otra mejilla a la mano que nos hiere. Debemos siempre tomar el lugar más bajo entre nuestro prójimo y buscar no nuestra propia honra, sino la de los otros. Hemos de ser mansos, humildes y dóciles; no levantándonos sobre nuestros propios derechos, mas dando lugar a los ajenos. Debemos hacer las cosas, no para nuestra propia gloria, mas para la de Dios. Y, recapitulándolo todo, "Como Aquél que nos ha llamado es santo, sed también vosotros santos, en toda conversación; porque escrito está: Sed santos porque yo soy santo."

Parece que algunos cristianos piensan que todos los requisitos de una vida santa están cumplidos cuando ésta es muy activa y eficiente en la obra cristiana; y porque ellos hacen mucho para el Señor en público, se creen con derecho a una vida no cristiana e incorrecta en la privado. Pero ésta no es la clase de vida que vengo describiendo. Si vamos a andar como Cristo anduvo, debe serlo tanto en privado como en público, en el hogar como fuera de él; y debe serlo cada hora y todo el día; y no tan sólo en períodos establecidos o en ciertas ocasiones. Debemos ser justamente como Cristo, con nuestros sirvientes como con nuestro ministro, tan buenos en nuestra oficina como en nuestra reunión de oración.

Es en la vida práctica del hogar donde la piedad puede demostrarse mejor y debemos dudar de cualquier profesión que fracasa bajo la prueba de la vida diaria.

Un cristiano regañón, o ansioso, o desanimado; un cristiano malhumorado, incrédulo, quejoso; un cristiano exigente, egoísta, cruel, insensible, indulgente consigo mismo; un cristiano con una lengua mordaz o espíritu amargo, podrá ser muy piadoso en su obra y tener un lugar honorable en la iglesia, pero los tales no son cristianos a la semejanza de Cristo, y ellos no conocen nada de las realidades de las cuales trata este libro, no importa cuán elevada sea su profesión.

La vida escondida con Cristo en Dios, es una vida oculta como su origen, mas no debe serlo en sus resultados prácticos. La gente debe ver que andamos como Cristo anduvo; si decimos que estamos permaneciendo en El, debemos probar que poseemos lo que profesamos. En breves palabras, debemos ser reales seguidores de Cristo y no tan sólo teóricos. Esto abarca una gran parte de la vida cristiana. Significa que, debemos volver real y absolutamente, nuestras espaldas a cualquier cosa que sea contraria a la perfecta voluntad de Dios. Significa que debemos ser "un pueblo peculiar," no sólo en los ojos de Dios, sino también a la vista del mundo que nos rodea y que, a cualquier lugar donde vayamos, seamos bien conocidos por nuestros hábitos, nuestro carácter, nuestra conversación y nuestra solicitud, que somos seguidores del Señor Jesucristo y no del mundo, como tampoco El era del mundo. No debemos mirar más a nuestro dinero como propio, sino del Señor, para que sea usado en su servicio. No debemos sentirnos con libertad de usar nuestras energías exclusivamente en ocupaciones de este mundo, mas debemos reconocer que, si buscamos primeramente el reino de Dios y su justicia, todas las cosas necesarias nos serán añadidas. Debemos encontrarnos cohibidos de buscar altos puestos o esforzarnos en ventajas humanas, ni tampoco, como hacíamos en otros tiempos, hacernos el centro de nuestros pensamientos y de todas nuestras miras. Nuestros días deben ser usados, no en servirnos a nosotros mismos, mas en el servicio del Señor; y nos hallaremos llamados a llevar los unos las cargas de los otros y así cumplir la ley de Cristo. Entonces todos nuestros deberes diarios del hogar serán ejecutados con mayor perfección que nunca, porque cualquier cosa la hacemos "no como sirviendo al ojo," como los que procuran agradar a los hombres, sino antes como siervos de Cristo, haciendo de corazón la voluntad de Dios.

En todo esto seremos invariablemente dirigidos por el Espíritu de Dios, si nos entregamos a su dirección. Pero, a menos que tengamos la norma correcta de la vida cristiana delante de nosotros, podemos ser impedidos por nuestra ignorancia, de reconocer su voz; por esta causa deseo ser definida y explícita en mis declaraciones.

He notado que, donde quiera que ha habido un fiel seguidor del Señor con una vida consagrada, tarde o temprano, varias cosas se han seguido inevitablemente.

La humildad y quietud de espíritu con el tiempo vienen a ser las características de una vida diaria. Entonces se manifiesta una sumisa aceptación de la voluntad de Dios tal como viene en los frecuentes eventos de cada día; hay docilidad en las manos de Dios, para hacer o sufrir todo el buen placer de su voluntad; dulzura ante la provocación, calma en medio del estruendo y del bullicio; una condescendencia a los deseos de otros, y una insensibilidad ante los desaires y afrentas; ausencia de cuidados y ansiedades, libertad de temores; todo esto y muchas otras gracias similares son el desenvolvimiento externo de una vida interior, la cual está escondida con Cristo en Dios.

En seguida, un cambio en los hábitos de la vida: siempre vemos cristianos que, tarde o temprano, desechan todo pensamiento de sí mismos y son llenos de consideraciones para otros; visten y viven en una forma sencilla y sana, renuncian a hábitos indulgentes, egoístas y a todas las gratificaciones carnales. Toman parte en obras con las cuales pueden ayudar a otros y, las ocupaciones inútiles son desterradas de sus vidas. La delicia absorbente de sus almas, es la gloria de Dios y el bienestar de sus criaturas. La voz se dedica a El para ser empleada en cantar sus alabanzas. La riqueza es puesta a su disposición; la pluma se dedica a escribir para El, los labios a hablar para El, las manos y los pies para hacer e ir según su beneplácito. Año tras año tales cristianos son menos mundanos, más serenos, sus mentes son más celestiales, más transformados, más como Cristo, hasta que sus rostros expresan mucho la belleza de su vida interna; de manera que todos los que los observan, no pueden menos que reconocer que ellos viven con Jesús, y están permaneciendo en El.

Estoy segura que a cada uno de vosotros han llegado algunas insinuaciones divinas de la vida que vengo describiendo. ¿Acaso no has comenzado a sentirte consciente de la voz de Dios, hablándote acerca de estas cosas? ¿No te ha entristecido y angustiado al descubrir cuán llena de egoísmo está tu vida? ¿No ha estado tu alma sumergida en aflicción y duda acerca de ciertas disposiciones o tareas a las cuales has estado acostumbrado? ¿No has comenzado a sentirte inquieto por algunos de los hábitos de tu vida y deseado cambiarlos en algún respecto? ¿No se han comenzado a abrir caminos de devoción delante de tí, con el grandioso pensamiento: "Oh, si yo pudiera andar con El?" Todas estas preguntas, dudas y este anhelo espiritual, vienen a tu corazón de la voz del buen Pastor, que procura llamarte fuera de lo que es contrario a su voluntad. Permíteme rogarte, ¡no rechaces su amable súplica! Poco sabes de las dulces sendas por las cuales El quiere guiarte, ni de los maravillosos raudales de bendiciones que hallarás al fin, pues si no, te arrojarías con un anhelante regocijo a condescender a cada una de sus peticiones. Las alturas de la perfección cristiana solamente pueden ser alcanzadas al seguir fielmente cada momento al Guía que te dirige; y El nos revela el camino, paso a paso, a su tiempo en las cosas pequeñas de nuestra vida diaria, queriendo solamente que nuestra parte sea el rendirnos a su dirección. Sé perfectamente dócil en sus manos para ir donde El te induzca y para volverte desde donde El quiera hacerte retroceder. Obedécele perfectamente y al momento cuando estés seguro de su voluntad y pronto hallarás que El te dirige rápida y fácilmente en una vida maravillosa de conformidad a Sí mismo que será testimonio a todos los que te rodean, más allá de lo que hasta ahora has sabido.

Conocí una persona tan entregada al Señor para seguirle donde El la dirigiera, que en un instante anduvo desde el sendero de tinieblas y desesperación, a la realización y actual experiencia de la más bendita unión con el Señor Jesucristo. Libre del centro de sus tinieblas, se consagró al Señor rindiéndole su voluntad para que pudiera obrar en ella "el querer y el hacer de su buena voluntad." Inmediatamente el Señor, por medio de su Espíritu, comenzó a hablar a su corazón, sugiriéndole algunos pequeños actos de servicio para El y turbándola acerca de algunas cosas en los hábitos de su vida, mostrándole cuán egoísta y no semejante a Cristo era y cómo podía ser transformada. Ella reconoció su voz y rindió cada cosa que El le demandaba y al momento conoció con seguridad la voluntad de Dios. Su rápida obediencia fué coronada con un progreso igual, de modo que, día tras día, iba conformándose más y más a la bendita imagen de Cristo, hasta que su vida llegó a ser un testimonio tal, en su derredor, que algunos que comenzaron oponiéndose y siendo incrédulos, se vieron obligados a reconocer que tal obra provenía de Dios y fueron ganados a un rendimiento similar. Finalmente, había ascendido tan rápidamente en un corto plazo, que el Señor reveló a su alma, algunos de los secretos preciosos de su amor y cumplió su maravillosa promesa de Hechos 1:5, dándole la realización del bautismo del Espíritu Santo. ¿Crees que ella se apenó de haberle rendido todo su corazón, o que nada excepto acciones de gracia y gozo pueden llenar su alma, cuando echa una mirada hacia las sendas por las cuales fué guiada al lugar de las maravillosas bendiciones y de la cual algunos piensan que es demasiado dura para seguir? Ah, querida alma, si tú deseas conocer una bendición tal, como ella, entrégate a la dirección del divino Maestro y no retrocedas ante la consagración que El te llame a hacer.

Seguramente tú puedes confiar en El. Y, si hay alguna cosa que atrae por momentos tu atención y no es digna de la del Señor, recuerda que El no mira como el hombre mira y que cosas pequeñas a tus ojos, pueden ser para los suyos la clave y llave al profundo manantial de tu existencia. Ninguna vida que fracasa en cosas pequeñas puede estar completa. Una mirada, una palabra, un tono de voz suave, a menudo mirados como cosas pequeñas por el juicio humano, son de vital importancia para la vista de Dios. Si tu único deseo es servirle en su plenitud, ¿no puedes decirle un "sí" continuo, a todos sus dulces mandatos, sean pequeños o grandes, y confiar que El te guiará por el camino más corto a la plenitud de su bendición?

Amigo querido, sea que lo hayas sabido o no, esto y nada menos que esto, es lo que significa consagración. Quiere decir: obediencia incondicional. Significa que en adelante la voluntad de Dios será la tuya porque tú la aceptarás bajo cualquier circunstancia y en todo tiempo. Esto implica también que, desde el momento de tu rendimiento, tu libertad de escoger será sometida al control del Señor. Asimismo quiere decir que el seguirle a donde El te guíe debe ser constante, sin retroceder.

Todo esto, y más está incluído en tu rendimiento al Señor; ahora apelo a tí, para poner por obra tus palabras de consagración. Permite que la vida de Cristo, morando en tí, sea práctica en tu vida diaria y en todo tu trato. Estás unido a tu Señor con un maravilloso lazo; anda entonces como El anduvo y muestra al mundo incrédulo, la bendita realidad de su grandioso poder para salvar hasta lo sumo, por haberlo hecho contigo. No debes temer de dar tal consentimiento, porque El es tu Salvador y está en su poder llevar a cabo lo antedicho. El no está pidiendo que tú lo hagas en tu fragilidad, El sólo quiere que te entregues completamente en sus manos, para poder obrar en tí. Tu parte es rendirte, la suya es obrar; y nunca jamás te dará El órdenes que no vayan acompañadas con un amplio poder para obedecerlas. No comiences a pensar acerca del futuro de estas cosas, sino abandónate con un generoso confiar en el Buen Pastor, quien ha prometido no llamar a sus ovejas a ningún camino donde El no va a ir primero, para allanarlo y ayudarlas. Da cada paso pequeño, como El lo va planeando. Haz que toda tu vida, aun en los pequeños detalles, sea dirigida por El. Sigue con gozo y prontamente las dulces insinuaciones de su Espíritu en tu alma, y hallarás que, día tras día, irás conformándote a su voluntad en todas las cosas, amoldándote y transformándote "en un vaso para su honra, santificado para su uso y aparejado para toda buena obra." Así podrás gozar el dulce regocijo de ser "epístola de Cristo, conocida y leída por todos los hombres;" y tu luz será tan resplandeciente que aquellos que te rodean no te verán a tí, sino a tus buenas obras y glorificarán a tu Padre que está en los cielos.

178

Capítulo 17

El Gozo de la Obediencia

Ya que he escrito sobre algunas de las dificultades de esta vida de fe, trataré ahora sobre los goces que encontramos en ella. Primeramente hablaré del gozo de la obediencia. Hace mucho tiempo leí, no recuerdo dónde, la máxima siguiente: "La perfecta obediencia llevaría consigo la felicidad completa si sólo confiáramos cabalmente en la potestad a la cual obedecemos." Recuerdo que al saber que existía para mí un no imaginado sendero de felicidad, me quedé muy impresionada; y a menudo mucho tiempo después, cuando la naturaleza interior se revelaba en mí, veníame la visión de un descanso posible de alcanzar y que al mismo tiempo satisfaría y mitigaría todos mis anhelos.

¿Debo decir que he hallado este descanso, mas no ya como una visión, sino como una bendita realidad; y que he visto en el Señor Jesús el Maestro a quien podemos rendir implícita obediencia y que al tomar su yugo sobre nosotros, hallamos descanso perfecto?

Poco sabes, querida alma cargada, del gozo que está a tu alcance. El Maestro se te ha revelado y te está llamando a un completo rendimiento, aunque tú te excitas, huyes. Tú estás lista para hacer un rendimiento parcial. Pero una consagración sin reserva te parece demasiado pedir; la temes. Piensas que abarca demasiado, que corres mucho riesgo. Deseas la obediencia parcial, la completa obediencia te espanta.

También ves a otros que pueden hacer cualquier cosa sin que les moleste su conciencia y andan por un sendero muy lejano del que parece haber sido trazado para tí y te interrogas a tí misma cómo puede ser tal cosa. Parece extraño y quizá duro para tí, que tú debes hacer algo que ellos no tengan que hacer y dejar cosas en las cuales ellos tienen perfecta libertad.

¡Ah, querido cristiano, en esta misma diferencia está tu privilegio, aunque quizá tú no lo sepas! Tu Señor te dice: "El que tiene mis mandamientos y los hace, ése es el que me ama; y el que me ama será amado de mi Padre y yo le amaré y me manifestaré a él." Tú tienes sus mandamientos y ellos no. Tú conoces la voluntad de tu Señor acerca de muchas cosas, de las cuales ellos permanecen en obscuridad. ¿No es éste un privilegio? ¿Es acaso un acausa para lamentarte, que tu alma haya sida elevada a una relación más íntima con tu Maestro, que El pueda decirte cosas, las cuales ellos por estar más lejos de El, no puedan saberlas? ¿No te das cuenta cuánta intimidad implica esto?

Hay muchas relaciones en la vida que requieren, de ambas partes, solo un moderado grado de fervor. Podemos tener amistad placentera los unos con los otros y todavía pasar parte de nuestras vidas en intereses y ocupaciones distintas. Cuando estamos juntos, nos deleitamos en la compañía y hallamos muchos puntos en los que congeniamos; pero la separación no nos angustia y amistades más íntimas no nos obstaculizan. No hay suficiente amor entre nosotros para darnos el derecho o el deseo de penetrar y participar en los asuntos privados de unos y otros. En tales relaciones hay cierta distancia y reserva. Pero en la vida hay otra clase de relaciones muy distintas. La amistad se transforma en amor. Los dos corazones se dan el uno al otro para dejar de ser dos. Se verifica una unión de alma, la cual hace que todas las cosas del uno pertenezcan al otro. No hay posibilidad de intereses distintos ni de senderos diferentes. Cosas que antes eran legítimas, ahora vienen a ser ilegítimas a causa del lazo cercano que les une. La reserva y la distancia adecuadas en la mera amistad, llegan a ser fatales con el amor. El amor lo da y todo lo quiere. Los deseos del uno vienen a ser obligaciones para el otro, a fin de complacerlo.

¿Acaso el yugo que el amor impone causa irritación? ¿Envidian ellos la indiferente, tranquila y moderada amistad que les rodea y lamentan la intimidad que tienen para con el amado, por causa de las obligaciones mutuas? ¿No es que más bien se glorían en sus deberes y los ejecutan con una ternura llena de gozo, la cual están lejos de tener con los demás? ¿No es cada revelación de los deseos del amado, un deleite y un privilegio y aun lo es cualquier sendero por duro que sea, por el cual tengan que andar?

¡Ah, querida alma, si tú sabes qué significa esto en cualquier relación terrenal aun por pocas horas, si has amado hasta que el sacrificio y el poder te hayan reportado regocijo; si la completa entrega de tu voluntad a la voluntad de otro ha vislumbrado para tí como un anhelado privilegio, o como una dulce y preciosa realidad, entonces por todo el vehemente y tierno amor de tu Amante celestial te suplico que seas así para con Cristo!

El te ama con un amor mucho mayor que el de la amistad. Como un desposado se regocija en su esposa, así El se regocija en tí y nada más que la voluntad rendida de su esposa le satisfará. El te ha dado y quiere que tú hagas lo mismo. La más pequeña reserva herirá su corazón. El no se ha reservado nada, ¿lo harás tú? Por tu causa El dejó todo lo que poseía y quiere que por El tú lo dejes todo sin regateo.

¡Oh, sé generosa en tu rendimiento! Honra su incomparable afecto por tí, con un amor igual para El. Regocíjate de arrojarte sin reserva en sus amorosos brazos y de entregarte a su dominio. Dale todo lo que te pertenezca. Entrégale para siempre todo lo que te separa de El. Desde ahora en adelante, cédele toda libertad de escoger y gloriarse en la bendita cercanía de tu unión, la cual hace este entusiasmo de devoción, no solo posible, sino necesario.

¿Nunca has deseado prodigar tu amor y tus atenciones a alguno que está lejos de tí, por su posición y circunstancias y con quien no has tenido intimidad suficiente para aproximarte? ¿No has sentido una capacidad tal para rendirte y un afecto que parecía arder en tí como un fuego, aunque todavía no tenías el objeto sobre el cual te habías aventurado a prodigarlo? ¿No han estado tus manos llenas de "vasos de alabastro con ungüentos muy preciosos;" aunque no has estado suficiente cerca del corazón para arrojárselo? Entonces, si estás oyendo la amorosa voz de tu Señor, llamándote a acercarte a El, lo cual requerirá una separación de todo y una devoción entusiasta, no sólo posible, sino necesaria, ¿te excitarás y te estremecerás? ¿Piensas que será demasiado duro que El te revele de su mente más de lo que revela a otros, y que El no te permita ser feliz en ninguna cosa que te separe de El? ¿Quieres ir donde El no puede ir contigo, o tener ocupaciones en las cuales El no puede compartir? ¡No, no, mil veces no! Tú saltarás de gozo para salir al encuentro de su amada voluntad. Su más ligero deseo vendrá a serte como una ley que te liga y se te quebrantará el corazón si le desobedeces. Te gloriarás en la misma estrechura del camino que El te ha trazado y te compadecerás con pie-

182

dad infinita de los pobres alejados que han perdido el privilegio de este gozo infinito. Las obligaciones de amor serán tus más dulces privilegios y el derecho que has adquirido de prodigar el último caudal de lo que tienes al Señor te parecerá como si te elevara a regiones de gloria indecible. La perfecta felicidad vendrá a tu alma por la completa obediencia; entonces comenzarás a saber algo de lo que quiso decir cuando dijo: "El hacer tu voluntad, Dios mío, háme agradado."

¿Piensas que el gozo de la obediencia será sólo de tu parte? ¿Acaso el Señor no se regocija en aquellos que se rinden a El y desean obedecerle? ¡Oh, amigos míos, no somos capaces de comprender esto; pero las Escrituras nos revelan algunos vislumbres del placer, la satisfacción y el gozo que el Señor tiene en nosotros, de manera que regocija nuestras almas con sus maravillosas bendiciones!

Es muy fácil entender que nosotros necesitamos al Señor, pero que El nos necesite parece inconcebible. Que nuestros deseos sean para El es algo conocido, pero que los suyos estén dirigidos a nosotros, pasa los límites de la creencia humana. Mas ya que El lo ha dicho, ¿qué más podemos hacer sino creerlo? El ha hecho que nuestros corazones sean capaces del amor más profundo y se ha ofrecido a sí mismo como el objeto de nuestro amor. Nuestro amor le es precioso. Y le da tanto valor, que el primero de sus mandamientos pide que le amemos con todo nuestro poder y nuestra fuerza. Continuamente El está llamando a cada corazón, para poder ser en ellos, el supremo objeto de su amor. ¿Quieres que yo sea tu Amado? dice al creyente. ¿Me seguirás en el sufrimiento, en la soledad, y sufrirás rigores por mi causa, sin buscar recompensa, excepto mi sonrisa de aprobación y alabanza? ¿Me permitirás tu dominio y todo lo que posees? ¿Serás feliz agradándome sólo a mí? ¿Podré hacer mi voluntad en tí en todas las cosas? ¿Consentirás en una unión tan íntima conmigo, que te separarás del mundo todo lo que sea necesario? ¿Me aceptas por tu esposo celestial, y dejarás a todos los otros para unirte sólo conmigo?

En miles de maneras, El hace esta propuesta de unión a cada creyente. Pero, no todos le dicen, "sí." Para ellos, otros amores e intereses son de suprema importancia para desterrarlos. No pierden el cielo por eso, pero pierden un gozo presente indecible.

Quizá tú no seas uno de éstos. Desde el principio de su oferta, tu alma ha clamado y ha dicho alegremente a su llamado, "¡Sí, Señor, sí!" Estás más que listo para dedicarle lo más profundo y rico de tu amor. Te has rendido a El con tanto entusiasmo que quizá turbes y aflijas a los así llamados cristianos prudentes y moderados que te rodean. El amor hace necesaria una separación del mundo. El sacrificio y el servicio son posibles y dulces para tí, de modo tal que no puedes conformarte con una devoción a medias. La vida de amor a la cual has ingresado te da derecho a una profusa efusión de TODO sobre tu Amado. Ahora viene no sólo como tu privilegio, sino como tu deber, una intimidad y amistad que no conocen las almas que le siguen de lejos. Tu Señor demanda de tí a causa de su unión contigo, más de lo que puede hacerlo con otros. Lo que para ellos es de ley, para tí, el amor lo ha puesto fuera de la ley. El puede hacerte conocer los secretos y espera tu respuesta instantánea a cada petición de su amor.

¡Oh, el glorioso e inexplicable privilegio del cual te has posesionado es maravilloso! ¡Qué poca cosa significa para tí que otros te aborrezcan y se separen de tu compañía y te pongan en reproche por su amada causa! Muy bien, puedes, regocijarte y saltar de gozo el día que tal cosa acontezca, porque he aquí tu galar-

dón es grande en los cielos; y porque si eres participante de su sufrimientos, lo serás también de su gloria.

El está viendo en tí, "el trabajo de su alma," y está
satisfecho. Tu amor y devoción son su preciosa recompensa por todo lo que ha hecho por tí. Entonces no
temas que tu corazón entre en una devoción completa
y sin reserva al Señor. Quizá otros no lo aprueben, pero
El lo hará y esto es suficiente. No midas tu obediencia
o servicio. Haz que tu corazón y manos estén tan listos
para servirle, que SU corazón y sus benditas manos
también puedan estarlo para tí. Permítele poseer todo
lo que es tuyo: cuerpo, alma, mente, tiempo, talentos,
voz, etc.

Dale toda tu vida, para que El la dirija. Dile directamente: "¡Señor, ayúdame a ordenar este día, de tal modo que te agrade. Dame una visión espiritual para conocer tu voluntad en todas las relaciones de mi vida.
Guíame en mis ocupaciones, mis amistades, mi lectura,
mi vestido, mi obra cristiana! No permitas que haya
una hora, un momento, en el cual no estés conscientemente haciendo su voluntad y siguiéndola completamente."

Un servicio personal para el Señor, tal como éste,
dará una aureola a la vida más pobre, e iluminará la
existencia más monótona con una llama celestial. ¿La-
mentas que el romance de tu juventud se haya perdido tan pronto en las duras realidades del mundo? Pon
a Cristo en toda tu vida con sus detalles y conocerás un
romance más grande y más evidente que el de los días
de tu juventud que emocionará tu alma, y nada volverá
a parecerte duro, ni repulsivo. Así se glorificará la vida
más humilde. A menudo al observar una pobre mujer
constantemente en la batea, he pensado en las tristezas de tales vidas, pero en seguida, con gozo he re-
cordado la posible glorificación de estas vidas y me he

dado cuenta que la vida del hogar, vivida en y con Cristo, siguiéndole en todos sus caminos, será llena de un romance espiritual que hará feliz cada una de sus horas; mientras esto no podría ser posible con la vida terrenal más poderosa.

Cristo mismo, cuando estaba en la tierra, puso énfasis en la verdad que no hay bendición semejante a la que produce la obediencia. "Y aconteció que diciendo estas cosas una mujer de la compañía, levantando la voz le dijo: Bienaventurado el vientre que te trajo, y los pechos que mamaste." Y El dijo: "Antes bienaventurado los que oyen la Palabra de Dios y la guardan"(Lucas 11: 27-28.

Pensemos: ¡más bienaventurado que el haber sido la madre terrenal del Señor, llevarle en los brazos y amamantarle, (y, ¿quién puede calcular tal bendición?) es oir y obedecer su voluntad!

¡Qué nuestros rendidos corazones, lleguen a conocer y abrazar la amada voluntad de nuestro querido Salvador!

Capítulo 18

Unión Divina

Todos los procedimientos de Dios con el creyente, son para llevarle a una unión tal con El que pueda ser contestada la oración de nuestro Señor: "Para que todos sean una cosa; como tú, oh Padre, en mí y yo en tí, que también ellos sean en nosotros una cosa. Yo en ellos y tú en mí, para que sean consumadamente una cosa; y que el mundo conozca que tú me enviaste, y que los has amado, como también a mí me has amado" (Juan 17: 21, 23).

Esta unión divina era el glorioso propósito de Dios para su pueblo desde antes de la fundación del mundo. Era el misterio oculto de las edades y generaciones. Esto se cumplió en la muerte de Cristo. Ha sido revelado por las Escrituras y se está realizando en la experiencia actual de muchos de los amados hijos de Dios.

Mas no es así con todos. Es verdad, que es para todos, y Dios no lo ha ocultado ni hecho tan difícil, que no sea accesible para los que lo anhelan; pero el caso es que los ojos de muchos están muy ofuscados y sus corazones son demasiado incrédulos para posesionarse de tal bendición. Por esta razón es que el Señor está llamando encarecida y repetidamente a su pueblo para que se entregue completamente a El, para hacer que ellos se den cuenta actualmente, que El puede obrar en ellos el querer y el hacer de su buena voluntad.

Todos los pasos dados previamente en la vida cristiana son para dirigirnos a esta bendita posesión. El Señor la ha efectuado por nosotros; y hasta que nosotros no hayamos entendido inteligentemente y consentido en aceptarla voluntariamente, "el trabajo de su alma" por nosotros, no le ha saciado, ni nuestros corazones tienen el descanso verdadero.

El curso corriente de la vida cristiana tiene un cuadro en la experiencia de los discípulos. Al principio fueron impelidos a ver su condición y su necesidad y fueron a Cristo y le rindieron obediencia. Entonces le siguieron, trabajaron por El, creyéndole y no obstante todavía, ¡cuán diferentes de su Maestro! Buscando ser ensalzados unos sobre los otros, huyendo de la cruz, mal entendiendo su misión y sus palabras; abandonando a su Señor en el tiempo de peligro, sin embargo, enviados a predicar, les reconocía como sus discípulos, dándoles poder de hacer su obra. Ellos conocían a Cristo sólo "según la carne," superficialmente; conocían a su Señor y Maestro, pero no su propia vida.

Luego vino el Pentecostés, y estos mismos discípulos le conocieron revelado en lo íntimo de su ser, en unión tal, pues era "uno" con ellos, en su propia vida interior. Desde entonces, para los discípulos, era Cristo en ellos, obrando el querer y el hacer de su buena voluntad, librándoles por la ley de su Espíritu de su vida, del vituperio de la ley del pecado y de la muerte, bajo el cual habían estado. Ya no había entre El y ellos, un conflicto de voluntades, ni contienda de intereses. Una sola voluntad les animaba y ésta era la de Cristo. Para ellos sólo había un interés muy querido, y era el SUYO. Habían sido hechos "UNO" con Cristo.

Seguramente este cuadro puede ser reconocido por todos, aunque quizá en su última etapa no haya sido completamente alcanzado. Querido lector, es posible que hayas dejado mucho para seguir a Cristo; puede ser que hayas creído en El, trabajado por su causa, que le hayas amado, pero todavía no eres semejante a El. Sabes obedecerle y confiar, pero no has experimentado la unión con El. Hay dos voluntades, dos intereses, dos vidas. Todavía no has perdido tu propia vida para vivir sólo en la SUYA. En otros tiempos era "YO y NO CRISTO." Luego, "YO y CRISTO," quizá ahora es "CRISTO y YO," pero ¿has llegado al punto en que sea "SOLO CRISTO," y no tú en absoluto?

Si no es así, ¿me permitirás que te indique el modo de hacerlo? Si me has seguido en los capítulos anteriores de este libro, seguramente ahora estás listo para dar el paso decisivo de fe, el cual te guiará a Cristo y te preparará para permanecer en El y conocer sólo a su propia vida.

Por lo tanto todo lo que necesitas es comprender lo que las Escrituras enseñan de esta maravillosa unión, para que puedas asegurarte de la posibilidad de tal cosa. Si lees pasajes tales como 1 de Corintios 3:16, "¿No sabéis que sois el templo de Dios, y que el Espíritu de Dios mora en vosotros?" Entonces al principio del capítulo notarás que se dirige a "niños en Cristo," quienes todavía eran carnales y andaban como hombres, comprenderás que esta unión es el inexplicable y glorioso misterio de un Dios morando en el hombre, el cual es poseído por el más débil creyente en Cristo; de modo que lo que vas a investigar no es una novedad, sino una realización de lo que ya ha sido efectuado. Es una verdad absoluta que cada creyente en Cristo Jesús es "templo del Espíritu Santo, el cual tienen de Dios." Pero tan cierto como que esto es verdad, también lo es que a menos que el creyente lo reconozca y viva en su poder, no será una realidad para él. Como el hombre que posee un tesoro en un campo, pero que le es desconocido y, por lo tanto, no puede aprovecharlo, así es la vida de

Cristo morando en los creyentes que la desconocen. De manera que su poder no puede manifestarse hasta que, inteligente y voluntariamente, el creyente cese en su propia vida y acepte la de Cristo en su lugar.

Es de suma importancia no caer en el error en cuanto a esta sagrada unión. Hay que tener en cuenta que no es cuestión de emociones, sino de carácter. No es algo que se debe sentir, sino algo que debemos ser. Quizá sintamos tal bendición, pero la cosa vital no es el sentir, sino la realidad.

Nadie puede ser uno con Cristo, si no es semejante a El. Esta es una verdad manifiesta; me temo que muy a menudo esta sea demasiado pasado por alto y que los sentimientos fuertes de amor y gozo, sean confundidos como señales y pruebas de la unión divina, en casos donde las pruebas evidenciales de una vida semejante a Cristo dejan mucho que desear. De otro modo es enteramente opuesto a la declaración escritural que dice: "El que dice que está en El, debe andar como El anduvo." Y a ésta no hay escapatoria posible, pues no es sólo una declaración divina, sino una cosa natural.

Decimos que somos "UNO" con algún amigo y esto signiifca que existe entre nosotros una unión de propósitos, pensamientos y deseos. No importa cuán entusiastas puedan ser las manifestaciones de amor y unidad de nuestros amigos, no habrá una verdadera unión entre nosotros, a menos que tengamos los mismos gustos y disgustos, los mismos pensamientos, propósitos e ideales. Unidod con Cristo, significa ser hechos participantes de su naturaleza tanto como de su vida.

Si realmente somos "UNO con Cristo," no será contrario a nuestra naturaleza, el serle semejante y el andar como El anduvo, antes bien, esto nos será muy natural. La dulzura, gentileza, mansedumbre, paciencia, longanimidad, caridad, bondad, son naturales al cristiano participante de la naturaleza de Cristo; no puede ser de otra manera.

Pero la gente que vive en sus emociones, no siempre sabe el significado de esto y a menudo se ilusiona, pensando que han llegado a la unión divina, cuando toda su naturaleza y disposiciones están bajo el control de su amor propio.

Sabemos que nuestras emociones no son dignas de nuestra confianza, pero que mayormente son el resultado de nuestra condición física, o de nuestros temperamentos naturales. Por esta razón, es un error craso creer que son la prueba de nuestra unidad con Cristo. Este error obra en ambas maneras. Si tengo sentimientos de regocijo, puedo pensar que he entrado a esta divina unión, cuando tal cosa no ha sucedido; y si no tengo tales sentimientos, puedo pensar que he fracasado en mi experiencia cuando realmente no ha sido así.

La única prueba real es solamente el carácter. Dios es santo y, por lo tanto, así han de ser todos los que son "uno" con El. Nuestro Señor mismo expresó su unidad con el Padre con estas palabras: "No puede el Hijo hacer nada de sí mismo sino lo que viere hacer al Padre; porque todo lo que El hace, esto también hace el Hijo juntamente" (Juan 5:19). "Si no hago las obras de mi Padre no me creáis. Mas si las hago, aunque a mí no creáis, creed a las obras, para que conozcáis y creáis que el Padre está en mí y yo en el Padre" (Juan 10:37-38).

Entonces la prueba que Jesucristo dió por la que su unidad con el Padre podía ser reconocida, era el hecho de que El efectuaba las obras de su Padre. Yo no conozco otra prueba mejor para nosotros.

Sabemos que un árbol es conocido por sus frutos; y si nosotros estamos unidos con Cristo, llevaremos los frutos divinos de una vida y modo de ser, semejante a los suyos. "El que dice, Yo le he conocido y no guarda sus mandamientos, el tal es mentiroso y no hay verdad en él; mas el que guarda su palabra, el amor de Dios está verdaderamente perfecto en El; por esto sabemos que estamos en El" (1 de Juan 2:4-5).

"Por este medio sabemos," esto es, por guardar su Palabra. Por lo tanto no prestes atención a tus sentimientos para probar tu unidad con el Señor, pero fíjate si tienes los frutos vitales de una unidad de carácter, de andar y de pensar. Puedes abrigar sentimientos de regocijo, de desaliento, pero, ni en uno ni en otro caso, son indicaciones reales del estado de tu vida espiritual. Muchos cristianos rudimentarios tienen a menudo poderosas experiencias emocionales. Conocí a una que a menudo se quedaba despierta "por las ondas de salvación" como ella decía, las cuales corrían por su ser durante la noche; sin embargo, en su trato con otros no hablaba la verdad, y estaba muy lejos de ser honrada en sus negocios. Nadie podía creer que realmente ella sabía lo que era "unión con Dios," a pesar de lo ferviente que fueran sus emociones.

Tu gozo en el Señor debe ser más profundo que una mera emoción. Debe ser el gozo de conocimiento, de percepción, de una existencia actual. Es muy distinto ser un pájaro con todas sus actuales posibilidades de volar, a sentirse como si fuera un pájaro, sin absolutamente nada de poder para hacerlo. La realidad es siempre la cosa de importancia vital.

Pero ahora, habiendo prevenido en contra de los peligros de una mera experiencia emocional de unión con Cristo, consideremos cómo apropiarnos de la realidad. Primero diré que no es una mera actitud que Dios toma, sino una nueva actitud que nosotros debemos tomar. Si realmente soy un hijo de Dios, necesariamente mi cuerpo es el templo de Dios y Cristo está en mí. Por lo tanto es necesario que yo reconozca su presencia y me rinda plenamente a su dominio.

Esto me parece justo. Como Si Cristo estuviera viviendo en una casa, en una habitación cerrada ignorado por los moradores de la casa y deseando hacerse y ser uno de ellos en sus vidas diarias, compartiendo en todos sus intereses, pero sin hacerse reconocer forzadamente, porque lo que El anhela, es que un compañerismo voluntario le salga al encuentro y solamente así puede quedar satisfecho su amor. En aquella favorecida mansión los días pasarán de largo y ellos estarían ignorantes de su grandioso privilegio. Ellos irían y vendrían de sus negocios, sin pensar aun en el magnífico Huésped. Harían todos sus planes sin pensar en El. Para elols se perdería toda su sabiduría en guiarles y su fortaleza para protegerles. Semanas y días solitarios, se pasan en tristeza, que hubieran podido ser llenados con la dulzura de su presencia.

Mas de repente se hace el anuncio, "¡El Señor está en casa!" ¿Cómo será recibida la noticia? ¿Se dará amplia entrada al glorioso Huésped? ¿O se estremecerá por el temor de su presencia procurando reservar algún rincón de alguna de las piezas, para que quede oculto a sus ojos?

Apreciado lector cristiano, me gozo en anunciarte que el Señor está en tu corazón. El ha estado morando allí desde el día de tu conversión, pero tú lo has ignorado. Desde entonces, cada momento podías haberlo pasado a la luz de su presencia y cada paso lo hubieras dado también bajo su advertencia. No obstante, por no darte cuenta de su presencia, tu vida ha sida pasada en la soledad y llena de fracasos. Pero, ahora que te lo anuncio, ¿cómo le recibes? ¿Estás feliz de tenerle? ¿Abrirás completamente tu corazón para darle la bienvenida? ¿Querrás con regocijo y agradecimiento, entregar en sus manos todo el manejo de tu vida? ¿Le consultarás en todas las cosas y le permitirás decidir cada uno de los pasos que has de tomar, y marcar tu sendero? ¿Le harás partícipante de los asuntos más íntimos de tu vida? ¿Le dirás "sí," a todos los requisitos de su unión contigo, y te entregarás completamente en sus manos con alegría? Si quieres hacerlo, comenzarás a conocer algo del gozo que proporciona la bendita unión con Cristo.

¡Aquí me faltan las palabras! ¡Todo lo que puedo decir, es un somero cuadro de esta bendita realidad! Mucho más glorioso que tener a Cristo como morador en la casa o en el corazón, es ser acercados a una unión tal con El, que podamos ser "UNO;" una voluntad, un propósito, un interés, una vida. Gloria tal como ésta, no puede expresarse por medio de palabras humanas. Pero debe serlo y nuestras almas deben estar hambrientas de verlo realizado, de tal manera que no descansemos día ni noche, hasta haberlo hecho. ¿Entiendes las palabras "UNO con CRISTO?" ¿Te posesionas del más débil reflejo de su maravilloso significado? ¿No se exalta tu alma al vislumbrar tan precioso destino? Parece demasiado precioso para ser verdad, que tan pobres, débiles y vanos como somos, hayamos sido creados con tal fin; no obstante, es una realidad bendita. Aun se nos ha mandado posesionarnos de ella. Se nos exhorta a renunciar a nuestra propia vida, para que la Suya pueda ser vivida en nosotros. Se nos pide que no tengamos más intereses que los suyos, posesionarnos de sus riquezas, entrar en su gozo, participar de sus sufrimientos, manifestar su semejanza, tener su misma mente; pensar, sentir, actuar y andar como El lo hizo.

¿Consentiremos a esto? El Señor no nos forza, porque nos quiere como sus compañeros y amigos y una unión forzada haría esto incompatible. Debe ser un acto voluntario de nuestra parte. La esposa debe decirle un "¡sí!" voluntario al esposo, o el placer de esta unión dejará mucho que desear. ¿No podemos decirle un "SI" voluntario a nuestro Señor?

Es una transacción muy simple, pero muy real. No hay más que tres pasos: primero, debemos estar convencidos de que las Escrituras lo enseñan; luego, debemos rendirnos al Señor para que El se posesione de nosotros; por último, debemos creer que El se posesiona de nuestro ser y que mora en nosotros. Debemos comenzar por reconocernos muertos, y que Cristo es nuestra única vida. Debemos mantener esta actitud determinadamente. Nos ayudará mucho el decir: "Con Cristo estoy juntamente crucificado, y vivo, no ya yo, mas vive Cristo en mí," una y otra vez, día y noche hasta que venga a ser la respiración de nuestras almas. Por la fe, debemos desechar continuamente nuestras propias vidas y poner en su lugar la vida de Cristo, y debemos hacerlo no sólo por la fe, sino prácticamente. Por la fe, debemos ponernos diariamente a muerte en todos los detalles de nuestra vida diaria y debemos dejar que Cristo viva y obre en nosotros. Quiero decir, que haremos las cosas de Dios. Tan seguro como lo hacemos, llegaremos a comprender algo de lo que significa ser "UNO" con Cristo, como lo son El y el Padre. El dejó todo para unirse con nosotros; ¿no dejaremos también nosotros todo para unirnos con El, con la divina unión por la cual oró nuestro Señor, cuando dijo: "Mas no ruego solamente por éstos, sino también por los que han de creer en mí por la palabra de ellos. Para que todos sean una cosa como tú, oh, Padre, en mí y yo en tí que también ellos sean en nosotros una cosa?" (Juan 17:20-21).

Capítulo 19

Las Carrozas de Dios

Se ha dicho con acierto que "las zozobras terrenales son una disciplina celestial," pero éstas son algo mejor que disciplinas pues son las carrozas que Dios envía para transportar el alma a las elevadas regiones del triunfo.

A simple vista no parece que sean carrozas. Más parecen enemigos, sufrimientos, pruebas, derrotas, mal entendidos, desánimo, desafecto. Se presentan como carros conductores de miserias y desgracias, los cuales sólo aguardan lanzarse sobre nosotros y aplastarnos. Pero si pudiéramos verles como realmente son, los reconoceríamos como carrozas de triunfo en las cuales podemos dirigirnos a las grandes elevaciones de victoria que tanto hemos anhelado y por las cuales tanto hemos orado. El "carro de miserias," es la única cosa visible; la carroza de Dios es la invisible. El rey de Siria fué contra el hombre de Dios con caballos y carros que todos podían ver, pero Dios tenía los suyos que sólo podían ser vistos con los ojos de la fe. El sirviente del profeta sólo podía ver lo exterior y clamó como muchos hacen: "¡Ay, maestro! ¿qué haremos?" Pero el profeta entró en su casa con calma, sin temor, porque sus ojos estaban abiertos a lo invisible y todo lo que él oró por su siervo fué: "Señor, te ruego que abras sus ojos para que pueda ver."

Justamente esto es lo que debemos orar por nosotros

mismos y por los demás: "Señor, abre nuestros ojos para que podamos ver," porque el mundo que nos rodea, también como rodeaba al profeta, está lleno de caballos y carrozas de Dios, aguardando para llevarnos a gloriosas victorias. Y así cuando nuestros ojos estén abiertos, veremos en todos los eventos de nuestra vida, grandes o pequeños, placenteros o tristes, una "CARROZA" para nuestras almas.

Cada cosa que venga será una carroza desde el momento que la tratemos como tal; pero por otro lado, aun las pruebas más pequeñas pueden transformársenos en "carros de miserias" para lanzarnos a la miseria y desesperación, si así los consideramos. Está en cada uno de nosotros escoger lo que tales cosas serán en nuestra vida. Todo depende, no de los eventos, sino de la manera en que nosotros los tomamos. Si nos ponemos debajo de ellos y permitimos que corran sobre nosotros y nos aplasten, vendrán a ser como carros de miserias, pero si montamos sobre ellos, como si fueran carros de victoria y nos hacemos conducir triunfalmente y siempre adelante, llegarán a ser las carrozas de Dios.

Cuando subimos a las carrozas de Dios, espiritualmente por supuesto, nos sucede lo que pasó con Elías. Tendremos un traslado; no hacia los cielos como el profeta, pero el cielo estará en nuestro ser. Y después de todo, este traslado es más grande que el suyo. Seremos transportados de este plano bajo de vida terrenal donde todo nos hiere y donde no hay felicidad, a "lugares celestiales en Cristo Jesús," desde donde podemos dirigirnos de triunfo en triunfo.

Los lugares celestiales son interiores y no exteriores, y el sendero que hasta allí nos lleva, es también interior. Sin embargo la carroza que conduce nuestra alma por tal camino es generalmente alguna pérdida visible, prueba o aflicción; algún castigo que al presente no parece ser causa de gozo, pero que nos entristece, mas al fin "obra frutos de justicia en aquellos que por él son ejercitados."

Nos habla el Cantar de los Cantares, de carrozas tapizadas de amor (Cantares 3:10). No siempre podemos ver las líneas del amor en nuestra carroza especial. A menudo parecen desagradables. Puede ser algo repelente o puede ser el resultado de la malicia humana, crueldad o negligencia, pero cada carroza enviada por Dios, debe ser necesariamente "enlozada de amor," ya que Dios es amor, y el amor de Dios es lo más dulce, grato y tierno, sobre el cual, de veras, pueden reposar nuestras almas. Entonces, es su amor lo que envía la carroza.

Ya que es así, mira por arriba de tus castigos, no importa cuán aflictivos parezcan al presente, como si fueran las carrozas de Dios para llevar nuestras almas a "elevados lugares de ascenso espiritual, y hallarás que después de todo, están enlozadas de amor."

La Biblia nos relata que cuando Dios salió para la salvación de su pueblo, El subió sobre caballos y sobre carros de salvación (Habacuc 3:8), y hace lo mismo en la actualidad. Cada cosa que nos acontece es "un carro de salvación" cuando Dios lo dirige. Las Sagradas Escrituras nos dicen que "pone las nubes por su carroza y anda sobre las alas del viento" (Salmos 104:3). Por lo tanto las nubes y las tormentas que obscurezcan nuestro cielo y parece que nos ocultan al Sol de Justicia, sólo son carrozas de Dios, sobre las cuales podemos subir con El y "andaremos prósperamente" sobre todas las tinieblas. Amado lector, ¿has permitido que las nubes de tu vida se transformen en tus carrozas de triunfo? ¿Estás "andando prósperamente" con el Señor por encima de ellas?

Conocí a una señora que tenía una sirvienta muy

despaciosa. Era una joven excelente en otros respectos y también de bastantes merecimientos en una casa; pero su lentitud era siempre una fuente de irritación para la señora, quien era muy rápida por naturaleza le causaba fastidio el ver una persona despaciosa. La pobre señora si veinte veces al día se irritaba, otras veinte se arrepentía y resolvía vencerlo, pero en vano. Su vida se había transformado en un triste conflicto. Un día se le ocurrió que ya hacía bastante tiempo que estaba orando al Señor para que le concediera paciencia y que quizá la despaciosa muchacha era la carroza de Dios para enviársela; al tomar así la dificultad, se transformó en una mujer tan paciente, que parecía que nada podía molestarla.

En una numerosa convención conocí a otra señora que por causa de la numerosa concurrencia tenía que dormir en una habitación donde había otras dos señoras. Ella quería dormir, pero las otras querían conversar; la primera noche estaba tan molesta que se puso enojadísima, hasta que las otras dejaron su conversación y pudo dormirse. Al siguiente día, oyó algo de las carrozas de Dios, y por la noche, cuando volvieron al dormitorio, aceptó la conversación de sus amigas, como enviada por el Señor para darle dulzura y paciencia, y así quedóse tranquila. Algunas veces siendo tan tarde y ya era hora que todos estuvieran durmiendo, ella decía muy quedo: "Amigas, ¡estoy andando en una carroza de triunfo!" El efecto era instántaneo y perfecta quietud reinaba en ella. Su carroza la había ascendido al triunfo no sólo interior, sino también exterior.

Si nosotros anduviéramos en los "carros de Dios," en lugar de los nuestros, hallaríamos muchos casos como éste.

Nuestra constante tentación es "confiar en los carros de Egipto," o en otras palabras, en recursos terrenales.

Podemos verlos, son tangibles, reales y parecen sólidos; mientras que los carros de Dios son invisibles, intangibles y por eso nos parece difícil que estén cerca de nosotros.

Estamos tratando de alcanzar altos lugares espirituales con la multitud de nuestras carrozas. Dependemos primero de una cosa, luego de otra para avanzar en nuestra condición espiritual y ganar victorias. Siempre queremos "descender a Egipto en busca de ayuda;" y a menudo Dios se ve obligado a destruir nuestras propias carrozas terrenales antes que pueda traernos al punto de andar en las suyas.

A veces descansamos demasiado en una amiga muy querida para ayudarnos en nuestra vida espiritual y el Señor se ve obligado a separarnos de tal persona. Nos parece que toda nuestra prosperidad espiritual depende del ministerio de un predicador favorito y él es misteriosamente cambiado. Miramos a nuestra reunión de oración o a nuestra clase bíblica, como la fuente de nuestra fuerza espiritual, y entonces se nos impide asistir a ellas. Y "la carroza de Dios" la cual sólo puede dirigirnos a los lugares que deseábamos, por otras instrumentalidades la hallamos en los mismos impedimentos o destituciones que hemos llorado. Dios debe quemar con el fuego de su amor cada una de nuestras carrozas para que podamos solamente andar en las suyas.

Tenemos que llegar al punto donde todos los refugios nos fracasen, antes que podamos decir: "EL SOLO." Nosotros decimos: "El y algún otro o alguna otra cosa." "El y mi experiencia," o "El y mis relaciones con la iglesia," o "El y mi obra cristiana;" y todo lo que viene después de ese "y," debe ser quitado de nosotros, o debe ser probada su inutilidad antes que llegue a ser "EL SOLO." Mientras tanto que las carrozas visibles están disponibles, el alma no montará en las invisibles.

Seamos entonces agradecidos por cada prueba que ayuda a destruir nuestras carrozas terrenales y que nos impele a refugiarnos en la que Dios tiene lista y aguardándonos en cada evento y circunstancia de nuestra vida. Se nos dice: Dios está "montado sobre los cielos para tu ayuda" (Deuteronomio 33:26), y si nosotros queremos montar con El, debemos poner fin a las cosas terrenas. Cuando subimos en las carrozas de Dios, nuestra vida victoriosa está establecida, porque ningún obstáculo puede impedirla en su curso triunfante. Si algo perdemos con esto, sólo será ganado. Pablo así lo entendía y se gloriaba en perderlo todo por una recompensa tan grande. "Pero las cosas que para mí eran ganancias, hélas reputado pérdidas por amor de Cristo. Y ciertamente aun reputo todas las cosas pérdidas por el eminente conocimiento de Cristo Jesús, mi Señor, por amor del cual lo he perdido todo y téngolo por estiércol por ganar a Cristo, y ser hallado en El" (Filipenses 3:7-9).

Aunque "la espina en la carne" era un mensajero de Satanás para abofetearlo, vino a ser "una carroza de Dios" para elevar su alma al triunfo que no podía ser alcanzado en otra manera. ¿Qué es "gozarnos" en las tribulaciones sino permitir que se tornen en carrozas triunfales?

José tuvo una revelación de su triunfo futuro y de su posición, pero la carroza que a esto lo condujo, para la vista humana no podía ser más aparente de fracaso y miseria. La prisión y esclavitud, son "carros extraños" para llevar una persona al reino, pero por ningún otro camino, José hubiera podido llegar a una exaltación tal. Por lo general, nuestra exaltación al trono espiritual nos llega por caminos similares.

El punto importante entonces es tener nuestros ojos abiertos para ver en cada cosa que nos venga "una carroza de Dios," y aprender cómo andar en ella. Debemos reconocer que lo que nos acontezca, lo es, y así debemos aceptarlo. Quizá El no ordene ni origine el acontecimiento, pero si lo ponemos en sus manos, será una "carroza" para nosotros. El hace que todas las cosas, aun las malas, "obren juntamente para bien de aquellos que le aman" (Romanos 8:28). Todo lo necesario entonces, es recomendárselo al Señor.

Cuando venga la prueba, entonces, pónla inmediatamente en las manos del Señor y descansa en su voluntad como el niño en los brazos maternales. El bebé llevado en "la carroza" de los brazos de la madre, anda triunfantemente aun por los lugares más difíciles, sin saber cuánto lo son. ¡Y cuánto más nosotros si somos llevados en la carroza, "los brazos de Dios!"

¡Entra en tu carroza, entonces! Toma como tal, cada cosa que entristece la vida. No importa cuál sea la forma, si son hombres o diablos, pero si tú lo quieres, será la carroza de Dios para tí, para transportarte a lugares celestiales de triunfo. Desecha todas las causas secundarias y halla al Señor en ellas. Dile: "Señor, abre mis ojos para que sea, no sólo los enemigos visibles, sino las carrozas invisibles de liberación."

No dudes de que el enemigo tratará nuevamente de tornar tu carroza, en un "carro de miseria," sugiriéndote que Dios no está en tu prueba y que, por lo tanto no puedes esperar ayuda de El. Pero debes desechar completamente tales sugestiones, por las aserciones de fe: "Dios es mi refugio y fortaleza y mi pronto auxilio en las tribulaciones."

No comiences por ponerte a medias en este asunto; descansa completamente en tu carroza, no con un pie adentro y otro fuera de ella. No debes tener "si" . . . . o "peros" . . . . o "suponiendo" . . . . o "dudando" . . . . Debes aceptar completamente la voluntad de Dios y esconderte en los brazos de su amor que siempre, en cada momento y circunstancia, están abiertos para recibirte. Dí: "Sea hecha tu voluntad, sea hecha tu voluntad," una y otra vez. Desecha cualquier sentimiento que no sea de sumisión a su voluntad y de confianza en su amor. No puede haber luchas en las cuales no tenga algún lugar la voluntad de Dios; pero el alma sólo tiene que montar en su voluntad como en una carroza y se hallará "montando en lugares celestiales" con Dios en una manera que nunca antes habían imaginado. El alma que "anda con Dios en las alturas," ve cosas que el alma apegada a lo terreno nunca puede vislumbrar. La pobre víctima del "carro de miseria," sólo puede ver la tierra y las piedras, pero el que anda en la carroza tiene magníficas vistas de triunfo.

Interrogará alguno de vosotros: ¿dónde podemos hallar nuestras carrozas? Dice el salmista: "Los carros de Dios son veinte mil y aun miles sus ángeles." No hay falta de carrozas en ninguna vida. Una amada cristiana me dijo una vez, al final de una reunión en la cual yo había hablado de estas carrozas: "Yo soy una pobre mujer y he lamentado que en toda mi vida he estado deseando viajar en carruajes como mis vecinos ricos. Pero mientras usted ha estado hablando, he repasado mi vida y he visto que está tan llena de carrozas que no necesito volver a andar a pie."

No tengo ni una sombra de duda, lectores, que si nuestros ojos se abrieran, hoy día, veríamos en nuestros hogares, lugares de negocio, las calles llenas de "carrozas de Dios." No hay necesidad de que ninguno de nosotros andemos a pie por falta de ellas. La cruz de tu hogar, que ha hecho que tu vida sea una carga, siendo sólo para tí "un carro de miseria" arrojando tu alma por tierra, puede ser en adelante una gloriosa carroza para transportarte a elevados lugares celestiales de paciencia y sufrimiento. Ese malentendido, mortificación, falta de bondad, esa aflicción, esa pérdida, esa derrota, son carrozas aguardándote para transportarte a la victoria que tanto has anhelado.

Monta en ella entonces con corazón agradecido y quita la vista de todas "las causas secundarias," en la inmensidad de su amor el cual "te llevará en sus brazos" salvo y en triunfo sobre todas las cosas.

Capítulo 20

La Vida de Descanso Como Sobre Alas

Esta vida escondida con Cristo en Dios tiene muchos aspectos y puede ser considerada bajo diferentes fases. Una de éstas ha sido de gran ayuda e inspiración para mí y creo que puede serlo para otras almas hambrientas y anhelosas. A esto yo lo he llamado "la vida como sobre alas."

Nuestro Señor no sólo nos dice que consideremos "las flores del campo," pero también "las aves del cielo," y yo he hallado que estas criaturas aladas nos enseñan magníficas lecciones. En uno de los Salmos, David, después de enumerar las amarguras y tristezas de su vida terrenal, clama: "Y dije: ¡Quién me diese alas como de paloma! Volaría yo y descansaría. Ciertamente huiría lejos, moraría en el desierto. Apresuraríame a escapar del viento tempestuoso, de la tempestad" (Salmos 55:6-8).

Este clamor por "alas," es tan antiguo como la humanidad. Nuestras almas fueron hechas "para elevarse" y nunca podrán satisfacerse con ninguna otra clase de locomoción. Como el águila nacida en cautiverio siente en sí el instinto de volar y se desespera en la prisión sin saber lo que desea, así nuestras almas anhelan romper la prisión y gozar de libertad.

Nunca podremos descansar en la tierra y por eso deseamos desatarnos y "escapar" de todo lo que nos ata y mantiene en las prisiones terrenales.

Generalmente este desasosiego y descontento se desarrollan cuando procuramos escapar en este mundo de nuestras circunstancias y miserias. Al principio, no reconocemos que debemos "huir con alas," pero como los Israelitas, tratamos de hacerlo a "caballo" (Véase Isaías 30:16).

Nuestros "caballos," son las cosas en las cuales dependemos para hallar cambio de circunstancias o alguna ayuda humana. Y montamos en ellos y corremos de este a oeste y de norte a sur y por todas partes para lograr deshacernos de nuestra prueba, pensando, en nuestra ignorancia, que todo lo que necesitamos para libertarnos es un cambio de circunstancias. Pero todos los esfuerzos para escaparnos de éstas, son infructuosos como la mayor parte de nosotros lo hemos probado centenares de veces; porque el alma no ha sido hecha para "andar a caballo," sino para remontar el vuelo sobre las alas.

Más aun generalmente, como sucedió con los israelitas, tales caballos nos sacan de una dificultad para lanzarnos a otra. Así dice el profeta: "Como el que huye de delante del león y se topa con el oso; o si entrare en la casa y arrimare su mano a la pared y le muerda la culebra" (Amós 5:19).

¡Cuántas veces hemos huído del "león" que hallamos en el camino, sólo para enfrentarnos con "el oso," o nos hemos escondido en algún lugar donde nos creíamos en salvo, sólo para ser mordidos por una "serpiente!" No. Es inútil que el alma espere escape de sus pruebas en refugios terrenales, porque es imposible hallar allí la libertad.

¿Acaso no hay un sendero de escape cuando nos hallamos en dificultades o tristezas? ¿Debemos afanarnos abrumadamente y no hallar revelación? Me regocijo en poder responder que hay un glorioso camino de escape para cada uno de nosotros, si queremos elevarnos como sobre alas y nos dirigimos con todas nuestras cuitas a Dios. No es un sendero que corre de este a oeste ni de norte a sur, pero es un camino de ascenso. "Los que esperan en Jehová, tendrán nuevas fuerzas; levantarán las alas como águila; correrán y no se cansarán; caminarán y no se fatigarán" (Isaías 40:31).

Las aves pueden escapar de los peligros, si pueden volar lo suficiente alto; y el alma que usa sus "alas" puede siempre hallar con seguridad "el camino de escape" de todo lo que pueda herirla o turbarla.

Pues entonces, ¿dónde están esas alas de las cuales tanto hablamos? El secreto está contenido en estas palabras: "Los que esperan en Jehová." El alma que espera en el Señor, es la que está completamente rendida y que confía en El perfectamente. Por esta razón nombraremos a nuestras "alas," "las alas de rendimiento y confianza." Quiero decir con esto, que si solamente nos rendimos completamente al Señor y depositamos en El nuestra confianza, hallaremos nuestras almas "elevándose como con alas de águila" a "lugares celestiales en Cristo," donde las lágrimas y contratiempos terrenales, no tienen poder para molestarnos ni turbar nuestra paz.

Las alas del alma, la elevan a un plano de vida espiritual, "a la vida escondida con Cristo en Dios," la cual es completamente independiente de circunstancias, pues allí no hay prisiones ni cadenas que nos cautiven.

El alma sobre las alas cuida "las cosas de arriba" y no "las de la tierra;" y su vida y experiencia son llevadas en las alturas, a "lugares celestiales en Cristo Jesús." Todas las cosas aparecen según el punto de vista con que las miramos. Mientras la oruga se arrastra sobre el césped, debe tener una vista muy distinta del mundo que la rodea, de cuando llega a tener sus alas desarrolladas y se eleva de sobre el césped en que se movía. Similarmente, el alma, mientras se arrastra como la oruga, tiene una visión muy distinta de la que puede tener volando. Mientras la cima de la montaña puede estar iluminada, densas nieblas pueden cubrir el valle; y el ave, cuyas alas son suficientemente poderosas para llevarla a las grandes alturas, puede elevarse a las gozosas regiones de la luz.

Estaba pasando yo un invierno en Londres, y durante tres meses no vimos los rayos del sol, por las densas nubes y el humo que se extendían sobre la cuidad como un paño mortuorio. Pero más de una vez yo noté que, tras las nubes, el sol estaba brillando, y una o dos veces, por alguna separación que quedaba entre ellas, pude percibir el claro azul del firmamento. Nada hubiera podido quitar las tinieblas de Londres, pero si todos hubiéramos podido elevarnos sobre ellas, hubiéramos gozado de la luz del sol.

Esto es justamente lo que hace el alma que se eleva sobre las alas. Por la fe, vence al mundo. "Vencer," quiere decir andar sobre alguna dificultad y no ser pisados por ella; y el que anda con las alas se eleva sobre el mundo y todo lo que le concierne. Estas pierden entonces todo su poder de aprisionar al espíritu que puede "cruzarles" con las alas del "rendimiento y la fe." Tal persona es entonces, en realidad, "más que vencedora." Por la ley del vuelo, los pájaros vencen la ley de gravitación y por la ley del Espíritu, el alma vence la ley de la esclavitud del pecado y de la muerte. "La ley del Espíritu de vida en Cristo Jesús," debe necesariamente ser más elevada y dominadora que la ley del pecado y de la muerte, y, por lo tanto, el que se eleva a las regiones de vida en Cristo Jesús no puede fracasar.

Interrogarán algunos cómo es que hay tantos cristianos que no triunfan. La razón está en ellos: "no se elevan sobre las alas del alma" hacia las elevadas esferas de la vida. Viven en el mismo nivel que las circunstancias y en lugar de andar elevándose sobre ellas, tratan de resistirlas en su propio plano. En éste, el alma es impotente; carece de medios para vencer y, en lugar de salir vencedores, las pruebas y las tristezas de esta vida terrenal los derrotan.

Como he dicho anteriormente, sabemos que todas las cosas son según "nuestro punto de vista." Las pruebas asumen un aspecto diferente, miradas desde arriba a serlo desde su propio nivel. Lo que parece un muro infranqueable viene a ser una mera línea para el que lo mira desde la cima de una montaña; y las pruebas que asumen una inmensa proporción, miradas desde un plano terrenal, son como pequeños puntos en la sombra, cuando el alma se ha levantado sobre las alas hacia los lugares celestiales.

En una ocasión una amiga me ilustró la diferencia entre tres de sus compañeras, en la manera siguiente. Me dijo que si las tres tuvieran que cruzar una montaña espiritual, la primera construiría un túnel con una labor dura y penosa; la segunda andaría dando vueltas y vueltas en derredor, sin saber hacia dónde dirigirse; pero la tercera volaría elevándose sobre la montaña. Creo que debemos conocer los diferentes medios de locomoción; y confío que si algunos de nosotros, en el pasado hemos estado procurando construir túneles en las montañas que hemos hallado en nuestro sendero, o hemos andado en derredor de éstas, resolveremos "remontar nuestras alas" a la clara atmósfera de la presencia de Dios, donde la dificultad más grande será fácilmente vencida.

Y digo "remontar nuestras alas y volar," porque ni aun las alas más grandes, levantarán al pájaro a una pulgada del suelo, si él mismo no las emplea. Debemos utilizar "nuestras alas," o ellas no nos servirán de nada.

No es que debamos clamar: "Oh, si yo tuviera alas, entonces volaría," porque ya las tenemos; de manera que lo que necesitamos no es "más alas," sino usar las que tenemos . . . . Todos tenemos el poder para rendirnos y confiar, y la gran necesidad es ejercer este poder. Con esas dos alas podemos "volar" hacia Dios en cualquier momento; para llegarnos hasta El debemos usarlas con actividad. No sólo debemos anhelar usarlas, sino que debemos hacerlo definida y activamente. Esto no se hará por un rendimiento o confiar pasivo. No podremos remontarnos muy alto, si nos es tan sólo una teoría, o un momento religioso especial. Debemos hacerlo definida y prácticamente y en cada detalle de nuestra vida diaria. Debemos salir al encuentro de nuestras aflicciones, contrariedades, persecuciones, enemigos o amigos provocadores, nuestras luchas y tentaciones de toda clase, con una actitud de rendimiento y fe experimentales. Entonces es el tiempo de levantar nuestras alas y volar hacia "los lugares celestiales en Cristo," donde tales cosas perderán su poder de dañarnos.

Desde los elevados lugares, veremos las cosas mediante la vista de Cristo y toda la tierra será glorificada con la visión celestial.

¡Cuán distintas serían nuestras vidas, si en los días difíciles nos eleváramos con las alas de rendimiento y fe! En lugar de agitarnos y amargarnos por tratar, hablando metafóricamente, de derribar y pisotear a nuestros hermanos y hermanas ofendidas, escaparíamos de todas las contiendas si remontáramas nuestras alas y nos eleváramos a las regiones celestiales, desde donde nuestros ojos verían todas las cosas cubiertas con un manto de piedad y amor cristiano.

210

Nuestras almas fueron hechas para vivir en esta elevada atmósfera espiritual, y nos sentimos sofocados, cuando permanecemos en un nivel más bajo. Nuestros ojos fueron hechos para mirar desde las alturas celestiales, y nuestra visión se ofusca cuando no miramos desde allí. Por lo tanto es una bendición que nuestro Padre celestial haya arreglado de tal modo disciplinas en nuestras vidas para que aprendamos a elevarnos.

En el libro de Deuteronomio, capítulo 32:11 y 12, tenemos expuesta una ilustración de esta misma enseñanza: "Como el águila despierta su nidada, revolotea sobre sus pollos, extiende sus alas, los toma, los lleva sobre sus plumas; Jehová solo le guió, que no hubo con él dios ajeno."

El águila madre enseña a sus pequeños a volar, haciendo su nido tan incómodo, que ellos se ven obligados a abandonarlo y recorrer el mundo desconocido para ellos. Así hace nuestro Dios con nosotros. El perturba nuestros cómodos nidos y nos empuja fuera de éstos, para forzarnos a emplear nuestras alas y librarnos de un fracaso fatal. Ved todas vuestras pruebas en esta luz y veréis que podréis comenzar a tener un vislumbre de su significado. Así serán desarrolladas vuestras alas.

Conocí una señora cuya vida era víctima de un esposo cruel y bebedor. No tenía posibilidades de ayuda humana, de manera que se veía impulsada a usar las alas y elevarse hacia Dios. Durante tantos años de larga prueba, sus alas crecieron tanto en vigor, que me dijo que en las pruebas más fuertes, le parecía como si su alma fuera transportada por sobre un hermoso arco iris, hallándose al otro lado en un lugar de paz y descanso.

Con tales miras, podemos aceptar agradecidos cualquier lucha que nos impulse a emplear nuestras alas, porque sólo así pueden fortalecerse y luchar por los lugares más elevados. Cuando no se usan las alas, gradualmente se van debilitando y perdiendo su poder de volar; y si nada sucediera en nuestras vidas, que nos obligara a hacerlo, quizá perderíamos por completo nuestra capacidad para elevarnos.

Quizá preguntéis: ¿No habrá obstáculos aun cuando las alas estén bien desarrolladas, los cuales el alma tratará en vano de cruzar? Respondo que sí. Un pájaro puede estar aprisionado en una jaula o con una pata atada en la tierra, esclavizado en la "trampa de un cazador;" y los obstáculos de este reino espiritual, serán quitados cuando Dios con su poder envíe la libertad.

Una de las "trampas del cazador," qua cautiva a muchos, es la duda. Estas siempre parecen tan plausibles, tan humildes, que los cristianos "caen en la trampa," sin soñar por un momento que es tal cosa, hasta que lo descubren al hallarse aprisionados e imposibilitados para elevarse, porque el alma que duda no tiene más posibilidades de hacerlo que el pájaro que ha sido aprisionado.

Esto tiene una razón evidente. Una de nuestras "alas," la que nombré "ala de confianza," está completamente imposibilitada aun por la más leve duda; y tanto como el ave necesita las dos alas para poder remontar el vuelo, el alma las necesita para levantarse. Un gran número de personas hacen cualquier cosa, menos confiar. Levantan el "ala del rendimiento y la emplean vigorosamente y se preguntan por qué no podrán elevarse, sin imaginar siquiera que el ala de la fe está aprisionada. La razón por la cual los esfuerzos que muchos creyentes hacen para elevarse, son a menudo irregulares e infructíferos es porque utilizan solamente una de sus alas.

Mirad a un pájaro con una ala rota, procurando volar, y tendréis una idea del trabajo que tiene que efectuar el ala sana. Debemos usar nuestras "dos alas," o no procurar elevarnos en absoluto.

Bien puede ser que "la trampa del cazador" sea algún pecado o algo oculto no consagrado. En este caso quizá el "ala de la confianza" se mueve perfectamente, pero la que está aprisionada, es la del rendimiento. Ambas deben ser empleadas o el vuelo es imposible.

Quizá el alma se sienta como si estuviera en una prisión de la cual no pueda escapar y, consecuentemente, esté privada del vuelo. Impedimentos terrenales no pueden aprisionar el alma. No hay muros por elevados que sean, ni grillos tan potentes que puedan aprisionar un águila, si hay un sendero libre hacia arriba; y ningún poder terrenal puede retener el alma cautiva, mientras el camino hacia Dios esté abierto y libre. Nuestros enemigos podrán edificar muros alrededor nuestro, tan alto como les parezca, pero nada pueden hacer entre nosotros y Dios; y "si nos remontamos con nuestras alas," podemos remontarnos a mayor altura que los muros que han construído.

Entonces, si nos vemos aprisionados, podemos estar bien seguros que no es por cosas terrenas que constituyen nuestra cárcel, porque las alas del alma despreciarán las miserables barreras y muros para elevarse con libertad. La única cosa que puede cautivar al alma, es algo que obstruya su vuelo hacia arriba. El profeta nos dice: "que nuestras iniquidades han hecho separación entre nosotros y Dios y nuestros pecados han escondido su faz de nosotros."

Por lo tanto, si estamos aprisionados, es porque algún pecado consentido ha hecho una barrera entre nosotros y Dios y no podremos elevarnos hasta que el pecado sea quitado del camino.

Pero, a menudo, donde no hay pecado conocido, el alma está trabada a alguna cosa del mundo de manera que lucha en vano por elevarse. Un grupo de amigas mías se embarcaron en Noruega para costear uno de los fiords. Tomaron asiento y comenzaron a remar vigorosamente, pero el bote no daba señales de moverse. Procuraron remar con más fuerza, pero en vano, el bote no se movía ni una pulgada. Una de ellas se dió cuenta que el barco estaba amarrado y exclamó: "¡Cómo vamos a poder sacarlo fuera si estamos tratando de arrastrar tras nosotras al continente europeo!" ¡Y cuán a menudo nuestras almas permanecen amarradas a las cosas del mundo! Debemos cortarnos de tales cosas. Así como el águila no podría volar con las patas atadas a un peso tremendo, el alma no puede tampoco elevarse mientras un peso enorme de ansiedades y cuidados la sujeten al mundo. Cuando nuestro Señor trataba de enseñar a sus discípulos acerca de este peligro, les ilustró con la parábola de la "gran cena," a la cual muchos habían sido invitados, pero muchos de ellos no fueron, por causa de sus cuidados mundanos. Uno había comprado cinco yuntas de bueyes, el otro una hacienda, y el tercero había contraído matrimonio; y ellos pensaban que tales cosas necesitaban su cuidado.

Esposas, tierras, haciendas, o cosas mucho más pequeñas, pueden ser las cuerdas que atan el alma y le impiden volar. Entonces, cortemos todas las cuerdas, y quitemos cualquier barrera, para que nuestras almas no hallen obstáculos para elevarse cual águilas a los lugares celestiales en Cristo Jesús.

Se nos manda tener nuestros corazones llenos con himnos de regocijo y melodías al Señor; pero esto es imposible mientras no nos elevemos, porque las únicas criaturas que pueden cantar, son las que vuelan. Cuando el profeta dijo que aunque el mundo quedara desolado, él se regocijaría y cantaría a Dios su salvación, su alma estaba seguramente remontada sobre las alas.

Pablo sabía esto experimentalmente, cuando él se encontraba "como doloridos, mas siempre gozosos" (2 Corintios 6:10). Sobre el plano terrenal, todo era tinieblas, tanto para el profeta como para Pablo, pero sobre el plano celestial, todo era luz refulgente.

¿Sabes algo de la vida como sobre alas, amado lector? ¿Te elevas continuamente sobre todas las luchas y cuidados de este mundo, hacia Dios y aquella vida superior, donde todo es paz y triunfo, o te afanas fatigadamente en medio de tus pruebas permitiendo que en cada ocasión te subyuguen?

Tenemos que estar prevenidos contra los errores. No quiero que nadie piense que por "volar" quiero decir que forzosamente hemos de tener raptos de gozo y de emoción. Pueden existir éstos sin elevarnos en absoluto. Sería algo como las alas movidas por una racha de viento fuerte, pero que tan pronto como éste cesa, paran también su movimiento. El vuelo es un asunto de principio y no de emociones. Puede ser que sea acompañado por emociones, pero no depende de éstas. Sólo depende de un rendimiento absoluto y una entera confianza. Cualquier persona que honestamente quiera hacerlo, y persista con fidelidad, hallará que se eleva como águila a pesar de cualquier clase de emociones. Porque la promesa es fiel "que los que esperan en el Señor, levantarán las alas como áglilas." No dice, "quizá levantarán sus alas," sino "levantarán," que es el resultado seguro. ¡Dios permita que uno pueda llegar a experimentarlo!

www.ingramcontent.com/pod-product-compliance
Lightning Source LLC
Chambersburg PA
CBHW031545040426
42452CB00006B/195